Unter Berlin

Niko Rollmann

Unter Berlin

Verborgene Orte im Untergrund der Stadt

Jaron Verlag

Originalausgabe
© 2014 Jaron Verlag GmbH, Berlin
www.jaron-verlag.de
Umschlaggestaltung: Bauer + Möhring, Berlin, unter Verwendung
eines Fotos von Niko Rollmann (Tunnel am U-Bahnhof Jungfernheide)
Satz und Layout: Prill Partners | producing, Barcelona
Lithographie: Bild1Druck GmbH, Berlin
Druck und Bindung: AZ Druck und Datentechnik GmbH, Berlin

ISBN 978-3-89773-751-8

Inhalt

Vorwort

Warum sollte man sich überhaupt mit dem unterirdischen Berlin beschäftigen? Um Grottenluft zu schnuppern? Oder weil man den Rest der Stadt schon kennt?

Was den Untergrund Berlins so spannend macht, ist die Tatsache, dass seit über 150 Jahren fast jede Epoche dort architektonische Spuren hinterlassen hat. In den 1840er Jahren setzte der erste große Bauschub ein: Die Brauereien gruben riesige Gewölbe in die Hügel nördlich und südlich des alten Stadtzentrums. Es folgte der Ausbau der Wasserversorgung und der Kanalisation – angesichts der immensen stadthygienischen Probleme Berlins eine längst überfällige Maßnahme. Darüber hinaus wurden überall Leitungen für Gas und Strom sowie Telefonkabel verlegt. Zu den in Vergessenheit geratenen Untergrund-Klassikern aus dem 19. Jahrhundert gehört die städtische Rohrpost, die es ermöglichte, Briefe in vergleichsweise kurzer Zeit zu den Empfängern zu bringen.

Zu Beginn des 20. Jahrhunderts war es dann der Bau der U-Bahn, der sich im Untergrund niederschlug – auch wenn das neue Verkehrsmittel aufgrund des instabilen, sandigen und feuchten Bodens der Stadt vielerorts als Hochbahn fuhr. 1933 ging die Machtübernahme der Nationalsozialisten mit der Einrichtung zahlreicher Folterkeller in den »wilden KZ« der SA einher. Später begann das NS-Regime im Rahmen seiner Kriegsvorbereitungen mit dem Bau von Luftschutzbunkern im Berliner Boden. Während des Kalten Kriegs waren es vor allem Fluchttunnel, der legendäre Rudower Spionagetunnel und Zivilschutzanlagen, die in den Untergrund der Stadt gegraben wurden.

Der Wiedervereinigung Berlins folgten große Infrastrukturprojekte wie der Tiergartentunnel, der neue Hauptbahnhof, die U-Bahn-Linie 5 und die unterirdischen Systeme am Potsdamer Platz. Daneben waren die 1990er auch das wilde Jahrzehnt des »Tresor« und zahlreicher anderer Clubs, die in Kellern entstanden. In letzter Zeit ist zudem die Archäologie des 20. Jahrhunderts verstärkt in den Blickpunkt gerückt.

Sie befasst sich vorrangig mit den unterirdischen Relikten des Nationalsozialismus.

Die neuere Geschichte Berlins lässt sich also vorzüglich »von unten«
betrachten. Diese besondere Sichtweise entfaltet einen ganz eigenen
Reiz. Unter der Erde vergeht die Zeit gleichsam langsamer als an der
Oberfläche, und man findet dort häufig alte technische Geräte, die auf
viele eine große Anziehungskraft ausüben. Die ungewöhnliche, praktisch
nach innen gekehrte Architektur, die Abwesenheit jeglichen Tageslichts,
die Tatsache, dass es von außen kaum möglich ist, die wahre Größe eines
unterirdischen Bauwerks einzuschätzen, und nicht zuletzt das Morbide,
das man mit dem Untergrund verbindet, verleihen diesem ein ganz besonderes Flair.

Unter der Erde lässt sich das anschaulich erleben, was in der Schu-
le oder im Seminarraum oft trocken und eindimensional daherkommt.
Historiker debattieren schon seit Jahren darüber, wie die Erinnerung
insbesondere an den Faschismus und den Zweiten Weltkrieg jenseits
schriftlicher Quellen gefestigt und bewahrt werden kann. Man versucht
einerseits, die Erinnerungen der verbliebenen Zeitzeugen zu konservie-
ren. Zugleich aber rücken auch die materiellen Relikte in den Vorder-
grund. Sie sollen die Aufgabe eines »Zeitspeichers« übernehmen. Überall
in Europa werden deshalb Stätten des Verbrechens und Orte des Kriegs
für zukünftige Generationen aufbereitet. Der Untergrund kann hierbei
eine wichtige Rolle spielen. Das Gros der in diesem Buch beschriebenen
Orte ist in der einen oder anderen Weise mit dem dunkelsten Kapitel
der neueren deutschen Geschichte verknüpft und bietet somit eine Ge-
schichtsstunde ganz eigener Art.

Der Archäologie des Nationalsozialismus ist am Ende dieses Buches
ein eigener Exkurs gewidmet. Darin werden die Funde dieser jungen
Wissenschaft geschildert und in ihrer Bedeutung für unser Geschichtsverständnis gewürdigt.

Nach dem Erfolg meines erstmals 2006 erschienenen Buchs »Die Stadt
unter der Stadt« möchte ich den Lesern in diesem neuen Band das unterirdische Berlin in ganz anderer Weise vorstellen – in 14 ausführlichen
Porträts besonders interessanter Orte des Untergrunds. Eine angemessene
Auswahl zu treffen war natürlich nicht leicht. Es sollte jede Epoche und
jede wichtige Baugattung vertreten sein, bestimmte »Klassiker« durften
nicht fehlen, zugleich sollten aber auch Objekte berücksichtigt werden,

die der Öffentlichkeit noch weithin unbekannt sind. Und natürlich habe ich ganz persönliche Favoriten.

Dass die so entstandene Auswahl nicht allumfassend sein kann, liegt auf der Hand. Trotzdem bin ich davon überzeugt, dass die hier vorgestellten Orte einen prägnanten Eindruck von der Geschichte vermitteln, die unter unserer Stadt verborgen liegt. Meinen Lesern wünsche ich viel Spaß bei ihrem Ausflug in das unterirdische Berlin!

Falls Sie danach Appetit auf mehr verspüren, möchte ich Ihnen meinen Sammelband »Reise durch den Untergrund« empfehlen, der anhand von 18 Aufsätzen die Geschichte des Untergrunds von der antiken Mythologie bis zur modernsten U-Bahn-Technik nachzeichnet. Zudem können Sie der Website von »unter-berlin« (www.unter-berlin.de) einen Besuch abstatten. Dieser Verein betreibt seit 2004 eine kritische Auseinandersetzung mit der unterirdischen Architektur Berlins. Mit dem Erscheinen dieses Bandes wird sein zehnter Geburtstag gefeiert.

Die Geheimnisse der Festung

Spandauer Zitadelle

Bekanntlich ist die Zahl der erhaltenen Bauwerke aus dem Mittelalter und der frühen Neuzeit in Berlin überschaubar. Die Spandauer Zitadelle, eine Festungsanlage der Renaissance, ist eine echte Besonderheit. Viele Berliner kennen sie nur als atmosphärischen, wenngleich etwas abseits gelegenen Veranstaltungsort. Die zahlreichen historischen Ebenen, die in dem Verteidigungsbau sozusagen übereinandergestapelt liegen, werden, wenn überhaupt, meist nur am Rande zur Kenntnis genommen.

Bereits im 8. Jahrhundert bestand in der Umgebung der späteren Zitadelle eine slawische Siedlung, die im 11. oder 12. Jahrhundert befestigt wurde. Nach der Übernahme der Herrschaft durch die Askanier ließen diese eine steinerne Wasserburg errichten. Auf die geht möglicherweise

War Festung, Gefängnis, Geldspeicher und Giftgaslabor: Zitadelle Spandau

die Anlage des heutigen Juliusturms zurück. Ab 1560 wurde die Burg unter Kurfürst Joachim zur Zitadelle ausgebaut, die älteren architektonischen Strukturen auf dem Areal wurden teilweise in den Neubau einbezogen. Das Ergebnis war ein von Wasser umschlossenes Meisterwerk der Festungsbaukunst, das auch heute noch beeindruckend wirkt.

Militärisch spielte die Zitadelle keine große Rolle. Nur ein einziges Mal, in den napoleonischen Kriegen, war die Festung Schauplatz von Kampfhandlungen: 1813 wurde sie, nachdem die Franzosen sie 1806 kampflos übernommen hatten, von preußischen Soldaten belagert und schließlich erobert. Danach wurde es wieder ruhig um die Zitadelle. Nach dem deutsch-französischen Krieg von 1870/71 beherbergte der Juliusturm einen großen Teil der von den besiegten Franzosen gezahlten Reparationen.

Unter den Nationalsozialisten wurde ab 1935 in der Zitadelle eine Forschungs- und Produktionsstätte für Giftgas eingerichtet, in der mehrere Hundert Menschen arbeiteten. Die erzeugten Kampfstoffe wurden vor Ort an Tieren und vermutlich auch an Menschen getestet. Darüber hinaus gab es sogenannte Sprengkammern für die Erprobung explosiver Substanzen. Die genauen Vorgänge und der Verbleib des produzierten Giftgases sind bis zum heutigen Tag nicht vollständig aufgeklärt: Ein großer Teil der entsprechenden Unterlagen wurde bei Kriegsende vernichtet, ausgelagert oder verschleppt, erhaltene Dokumente unterliegen möglicherweise noch heute der Geheimhaltung. Glücklicherweise kamen die Kampfstoffe nie zum Einsatz. Ein Teil der Mitarbeiter der Produktionsstätte erlitt jedoch bleibende gesundheitliche Schäden. Am Ende des Zweiten Weltkriegs wurde die Zitadelle kampflos sowjetischen Truppen übergeben. In den 1970er Jahren wurden erstmals Rückstände von Giftgas im Boden des Areals festgestellt. Die umfangreichen Dekontaminationsarbeiten dauerten bis 1992.

Heute befinden sich auf der Festungsinsel eine Ausstellung zur Geschichte der Zitadelle, das stadthistorische Museum Spandaus, Ausstellungsräume und Künstlerwerkstätten. Das Areal wird für ein breites Spektrum von Veranstaltungen genutzt, von historischen Burgfesten über Aufführungen klassischer Musik bis zu Rockkonzerten.

Die unterirdische Architektur der Zitadelle ist sagenumwoben, und

Vorige Doppelseite: Das von Wasser umschlossene Bollwerk aus der Luft

vieles aus ihrer Entstehungsgeschichte liegt im Dunkeln. Der Festungs-
bau ruht auf dem für Berlin typischen nassen, sandigen Untergrund.
Zur Stabilisierung des Fundaments mussten einst Tausende Holzpfähle
in den Boden gerammt werden. Pfähle dieser Art sorgen in jüngster Zeit
bei der Sanierung der Berliner Staatsoper für Verzögerungen und Mehr-
kosten, beim Stadtschloss konnten sie geborgen und mit Gewinn verkauft

werden. Auf dem Spandau-
er Festungsareal wurde jedoch nicht nur Langholz in
den Boden getrieben, son-
dern im Laufe der Zeit auch
immer wieder Erde aufge-
schüttet. Was einmal Oberfläche war und was schon
immer zum Untergrund
zählte, lässt sich bei einer
solchen Durchmischung der
Schichten oft nicht mehr
eindeutig bestimmen.

Im Innern der Festungs-
mauern liegen Kasematten,
Gänge und Gewölbe, die

Langhölzer und Steine: Ausgrabung im Foyer B

im Rahmen von Führungen besichtigt werden können (Informationen
unter www.zitadelle-spandau.de). Wer sich für Archäologie interessiert,
ist im Foyer B der Zitadelle gut aufgehoben. Hier befindet sich eine über-
dachte »Open-Air-Ausgrabung«, in der Spuren aus einem halben Jahr-
tausend Geschichte, von den spätslawischen Befestigungen des 11. Jahrhunderts bis zum Verteidigungswerk des 16. Jahrhunderts, präsentiert
werden. Darüber hinaus birgt der Untergrund der Zitadelle ein High-
light für Naturfreunde: Zahlreiche Fledermäuse haben sich in den Kasematten angesiedelt. Auf Führungen des Vereins »Berliner Artenschutz
Team – BAT« können die nachtaktiven Tiere im Frühling und Sommer in
ihren Quartieren beobachtet werden. Zudem betreibt die Organisation
in der Zitadelle den sogenannten Fledermauskeller. Dort lassen sich etwa
zweihundert Exemplare verschiedener Fledertierarten betrachten.

Zum Untergrund der Zitadelle gehören auch die Fundstücke, die Archäologen bei jahrzehntelangen Grabungen auf dem Areal der einstigen

Festung zutage förderten. Zu diesen zählen unter anderem 75 jüdische Grabsteine aus dem Mittelalter, die als Baumaterial in den Fundamenten der Burg verwendet wurden. Der älteste von ihnen stammt aus dem Jahr 1244. Wahrscheinlich wurden die Steine dem damaligen örtlichen jüdischen Friedhof entnommen, auf dem Juden aus Spandau und Berlin begraben worden waren. Historiker und Archäologen gehen davon aus, dass die Steine entweder bei einer ersten Schändung des Friedhofs 1446 oder nach der pogromartigen Vertreibung der jüdischen Gemeinde aus der Mark Brandenburg 1510 entnommen wurden. Heute können sechzig Steine in der Zitadelle besichtigt werden. Sie erinnern daran, dass der Antisemitismus in Deutschland keineswegs erst im 20. Jahrhundert entstand.

Gänge im Dämmerlicht: Bastion Königin

2013 gab der Untergrund der Zitadelle ein weiteres Geheimnis preis. Bei Umbauarbeiten am ehemaligen Proviantmagazin stieß man auf die Reste von Gewölben aus dem 16. Jahrhundert, also aus der Frühzeit der Zitadelle. Sie dienten wahrscheinlich als Gefängnis.

Bei den jüngsten Bauarbeiten im Zuge der Modernisierung und Erweiterung der Ausstellungsbereiche wurde indes ein neues Stück Baugeschichte in den sumpfigen Boden versenkt: Das alte Magazingebäude, das einen Teil der neuen Ausstellung beherbergen soll, musste aus statischen Gründen mit einer neuen Bodenplatte aus Beton versehen werden. Schließlich haben die einzelnen Ausstellungsstücke ein Gewicht von etwa zwei Tonnen, und ein konventionelles Fundament hätte diese Last auf dem morastigen Grund nicht tragen können. Die Architekten fanden eine ungewöhnliche Lösung für das Problem: Die neue, seitlich verankerte Bodenplatte schwimmt sozusagen auf dem märkischen Sand – ein ganz passendes Bild für einen Bau, der auf den Resten einer bewegten Geschichte ruht.

Die Ruhestätte der Betuchten

Parochialgruft

Zu den ungewöhnlichsten unterirdischen Anlagen Berlins gehört die Parochialgruft im Ortsteil Mitte. Sie liegt unterhalb der Parochialkirche in der Klosterstraße und stellt ein einzigartiges kulturhistorisches Zeugnis dar. Die Kirche wurde 1695–1703 für die reformierte Gemeinde Berlins errichtet. Ihr Turm wurde erst 1715 fertiggestellt. Die Gruft der Kirche diente als Bestattungsort für hohe Staatsbeamte, Offiziere und wohlhabende Bürger der Gemeinde. Gegen Zahlung einer größeren Geldsumme konnte entweder eine ganze Gruftkammer oder nur ein Platz innerhalb einer Kammer erworben werden. Die Gruft war öffentlich zugänglich,

Die Gruft wurde wiederhergestellt, der Turm noch nicht: Parochialkirche

so dass Hinterbliebene die Grabmale aufsuchen und der Verstorbenen gedenken konnten.

Der Tod war damals im Leben der Menschen präsenter als heute. Die Sterblichkeit war sehr hoch und die Gedenkkultur an Verstorbene stark entwickelt. Während heutzutage Menschen ihre letzten Stunden normalerweise im Krankenhaus erleben, wurden damals Alte und Kranke meist bis zuletzt zu Hause gepflegt. Die Medizin war noch nicht weit entwickelt und konnte Kranken nur begrenzt helfen. Es wurden Bräuche des Totengedenkens gepflegt, die sich teilweise bis ins Mittelalter zurückverfolgen lassen. Auch die Parochialgruft kann als Ausdruck alter Traditionen gelten. Das Verdrängen des Todes aus dem Alltag und die Verlegung von Friedhöfen an den Stadtrand setzte erst im 18. Jahrhundert langsam ein.

Zur Unterbringung der Särge standen in der Parochialgruft dreißig Kammern zur Verfügung. Für eine Kammer zahlte man bis zu 400 Taler, heute wären das umgerechnet etwa 40 000 Euro. Die Beisetzungen erfolgten überwiegend im 18. Jahrhundert, vereinzelt noch bis 1878. Insgesamt wurden über die Jahre etwa 570 Leichname in der Parochialgruft bestattet. Das sind deutlich mehr, als in den Räumen Platz finden. Dieser scheinbare Widerspruch erklärt sich dadurch, dass die Gemeinde, trotz der vereinbarten Nutzungen »bis zu ewigen Tagen«, zerfallende Särge oder jene von Toten, die nicht mehr von Angehörigen besucht wurden, entfernen ließ. Wahrscheinlich vergrub man deren Überreste diskret auf dem Friedhof neben der Kirche. Heute befinden sich in der Gruft noch etwa 140 Särge.

Zu den Besonderheiten der Gruft gehört die Luftzirkulation, die durch die vielen Fenster und ein System von Öffnungen in den Wänden ermöglicht wird. Der Luftstrom begünstigte eine unterschiedlich ausgeprägte Mumifizierung der Toten. Diese Wirkung war wahrscheinlich nicht beabsichtigt. Die gute Durchlüftung sollte wohl in erster Linie den Verwesungsgeruch vertreiben. Die Mumien der Parochialgruft haben dem Ort, jenseits des kulturellen Wertes der dortigen Begräbnisse, zu lokaler Berühmtheit verholfen. Eine weitere Besonderheit des Objekts ist die Sarg-Senkanlage, die es ermöglichte, die Toten ohne großen Aufwand von der Kirche in die Gruft zu überführen.

1944, im vorletzten Kriegsjahr, brannte die Parochialkirche nach Bombentreffern aus, ihr Turm wurde zu großen Teilen zerstört. Bis heute

ist es eine Kirche mit halbem Turm. Auch das karge, fast schon erschre-
ckend leer wirkende Innere des Gebäudes zeigt eindringlich die Folgen
des Kriegs. Die Kirchengemeinde, bereits seit Anfang des 20. Jahrhunderts unter Mitgliederschwund leidend, wurde durch Kriegsverluste und
Abwanderung vieler Mitglieder stark ausgedünnt.

Für eine Rekonstruktion der Kirche fehlten die Mittel. Lediglich der
Baukörper konnte notdürftig gesichert werden. In der DDR zählte der
Wiederaufbau des Gotteshauses nicht zu den städtebaulichen Priori-
täten. Das ehrgeizige Ziel einer Wiedereinweihung zum 250. Jahrestag
der Kirche 1953 scheiterte an Geldmangel und fehlender staatlicher
Unterstützung. Die Parochialgemeinde war eine sogenannte Personal-
gemeinde ohne fest zugeordnetes Einzugsgebiet, und 1961 büßte sie
durch den Mauerbau etwa die Hälfte ihrer Mitglieder ein. Die spätere
Verbindung mit der St.-Georgen-Gemeinde konnte die personelle und
finanzielle Situation zwar etwas verbessern, Pläne zum Wiederaufbau
der Kirche aber verschwanden immer wieder in der Schublade.

Die Gruft allerdings
hatte die Zerstörung der
Kirche relativ gut überstanden. Doch verursachten
Vernachlässigung, Plünde-
rung und Vandalismus über
die Jahre schwere Schäden.
So wurde beispielsweise
25 Verstorbenen der Kopf
abgetrennt. 1970 wurden
Sicherungsmaßnahmen er-
griffen, die aber nur eine
Verschlimmbesserung der
Situation darstellten. Ein
großer Teil der Särge wurde
in den nördlichen Abschnitt

Leichen im Keller: Parochialgruft

der Gruft verbracht, die Fenster wurden mit Lochziegeln vermauert und
der Eingang mit einer einbruchsicheren Stahltür versehen. Das vermin-
derte jedoch die Luftzirkulation, was dazu führte, dass die Särge durch
Pilzbefall, Schimmel und Fäulnis weiteren Schaden nahmen.

Im Jahr 1986 erregte der Fall der »Roten Else« die Gemüter. Angeb-

lich soll eine der mumifizierten Leichen aus der Gruft entwendet und auf
die Stufen des U-Bahnhofs Klosterstraße gesetzt worden sein. Ihr leuchtend
rotes Haar habe für den entsprechenden Spitznamen gesorgt. Ob diese
Schauergeschichte wahr oder erfunden ist, mag der Leser selbst entscheiden. Die Gruft war damals bereits durch eine Stahltür gesichert, und die
Grabräuber hätten erheblichen Aufwand betreiben müssen, um die Dame
aus der Gruft zu holen.

Ewige Ruhe: Gang in der Parochialgruft

Für die Parochialgruft
war erst nach dem Zusam-
menbruch der DDR ein
Neuanfang möglich. 1994
wurde der abgemauerte Be-
reich wieder geöffnet. Ab
1999 erfolgte eine umfas-
sende Bestandsaufnahme,
die ergab, dass nur noch
dreißig der Särge in ver-
schlossenem Originalzu-
stand waren. Die Särge
und Leichname wurden ge-
reinigt, die schadhaften
Grabmale repariert und

gesichert. Eine vollständige Rekonstruktion beschädigter Särge war nicht
vorgesehen und hätte auch den finanziellen Rahmen des Vorhabens ge-
sprengt. Durch die Wiederherstellung der ursprünglichen Luftzirkulation in der Gruft konnte jedoch einem weiteren Verfall vorgebeugt werden. 2008 waren die Arbeiten größtenteils abgeschlossen. Das Nut-
zungskonzept sah vor, die Würde der Grabanlage wiederherzustellen
und ihre ursprüngliche Funktion als Friedhof zu erhalten. Die rund 140
Särge, die in der Gruft untergebracht sind, können zu besonderen Anlässen oder im Rahmen angemeldeter Führungen besichtigt werden.

Die 1988 begonnene Sanierung der Parochialkirche wurde 2003 abgeschlossen. Das Gotteshaus ist Sitz der »Stiftung kirchliches Kulturerbe«.
Der Verein »Denk mal an Berlin«, dem die Bewahrung vieler Denkmale
der Hauptstadt zu verdanken ist, betreibt den Wiederaufbau der Turm-
spitze in ihren historischen Formen mitsamt dem früher weithin bekann-
ten Glockenspiel.

Die Kathedrale des Bieres

Gewölbe der Königstadt-Brauerei

Wenn man heute sein Fahrzeug in der Tiefgarage des Gewerbehofs an der Saarbrücker Straße in Prenzlauer Berg parkt, kommt einem schnell die Idee, dass die Räumlichkeiten ursprünglich wohl einem anderen Zweck dienten. Aber dass über 150 Jahre Geschichte in diesen Kellern stecken, ahnen die wenigsten.

Die Geschichte der Gewölbe fängt mit dem Untergärigen an. Es ist kein Geheimnis, dass der Berliner seit jeher ein trinkfreudiger Mensch ist. Neben Schnaps war Bier das beliebteste Getränk der Bevölkerung. Es wurde vor allem von Arbeitern in großen Mengen konsumiert. Tra-

Gewölbe als Garage: Ehemalige Königstadt-Brauerei

Tapetenwechsel mit schwerem Gerät: Bauarbeiten im einstigen Braukeller

ditionell tranken die Berliner eher schweres, obergäriges Bier. Seit den
1820ern wurde aber das belebende untergärige Bier immer beliebter, das
aus dem Süden Deutschlands importiert wurde.

Bald beschlossen die Berliner Braumeister, ihr eigenes Untergäriges
herzustellen. Das war allerdings nicht ganz einfach, denn anders als das
Obergärige braucht dieses Bier zum Reifen konstante kühle Temperaturen. Die Lagerung ist sogar nur bei etwa null bis zwei Grad Celsius
möglich. Da es zu jener Zeit noch keine technischen Kühlsysteme gab,
mussten die Brauereien für natürliche Kältequellen sorgen. Zu diesem Zweck wurden auf den Hügeln nördlich und südlich des in einem
sandig-wässrigen Urstromtal gelegenen Stadtzentrums zahlreiche unterirdische Brauereigewölbe gebaut.

Dort, vor der Stadt, hatten die Brauereien Zugang zu sauberem Grundwasser und reichlich Platz. Über den Gewölben konnten große Bier-
gärten angelegt werden. Den Berlinern war es recht, die Gärten waren
sommers beliebte Ausflugsziele. Für die Brauer wurde mit dem Ausschank
im Grünen der Traum eines jeden Lebensmittelproduzenten wahr: Der
Konsument kaufte die Ware direkt am Produktionsort und ersparte dem
Hersteller somit die Transportkosten.

Die Königstadt-Brauerei an der Saarbrücker Straße ging aus einem 1851 eingerichteten Ausschank hervor und zählte später zu den führenden Berliner Bierproduzenten. Mit zunehmendem Erfolg des Betriebs wurden die Lagerkeller immer weiter ausgebaut. Zuletzt umfassten sie 5500 Quadratmeter. Zu den architektonischen Kniffen, mit denen niedrige Lagertemperaturen gewährleistet wurden, gehörten doppelte Gewölbedecken, welche die Keller nach dem Prinzip einer Thermoskanne isolierten. Im Winter wurden kleine Schächte in der Decke geöffnet, durch die kalte Luft einströmte. Zudem wurde Eis von den Seen und Flüssen der Umgebung in die Keller eingebracht, wo es sich erstaunlich lange hielt. Da es an der Stirnseite der Gewölbe gelagert wurde, galten diese als sogenannte Stirneiskeller.

Die Arbeitsbedingungen in den Brauereigewölben waren hart. Der Temperaturunterschied zwischen den Gewölben und der Außenwelt machte die Arbeiter für Krankheiten anfällig. Zudem entstehen beim Bierbrauen unangenehme Gerüche und schädliche Gase, die in den Kellern besonders belastend wirkten. Die Arbeiterschaft in den Brauereien war jedoch gut organisiert. Wenn die Zustände unerträglich wurden oder es zum Konflikt mit den Bierfabrikanten kam, konnte sie zum Beispiel zum Boykott bestimmter Biersorten aufrufen. So ließ sich erheblicher Druck auf die Brauereibesitzer ausüben.

Infolge des Ersten Welt-

Stufen des Verfalls: Treppe im Braugewölbe

kriegs wurde das Berliner Brauereigewerbe umstrukturiert. Für die Königstadt AG folgte dadurch schon bald das Aus: 1921 stellte sie die Bierproduktion vor Ort ein und erschloss sich andere Geschäftsfelder. Das Gelände wurde aufgeteilt und für verschiedene gewerbliche Zwecke genutzt. Ab 1936 waren in einem Teil des Kellers eine Werkstatt und eine Garage untergebracht.

Im Zweiten Weltkrieg wurden die Gewölbe zum Teil für den Luftschutz umgebaut. Besonders gut sind die Umbauten in einem Raum an der Straßburger Straße zu sehen. Der Eingang ist ein besonders empfindlicher Bereich von Luftschutzbauten. Sollte eine Bombe davor niedergehen, besteht die Gefahr, dass die Detonation die Türen aus den Angeln reißt und in die dahinterliegenden Räume schleudert. Um das zu verhindern, wurde an der Straßburger Straße eine Sperrmauer hinter den Bunkereingang gesetzt. Damit die Druckwelle jedoch nicht die Mauer selbst umwerfen konnte, endete sie auf halber Raumhöhe. So konnte ein Teil des Drucks in den oberen Bereich des Gewölbes entweichen, wo er keinen oder nur wenig Schaden anrichten würde. Zusätzlich zu dieser Sperrmauer wurde noch eine Zwischenwand in den Luftschutzraum eingezogen, eine typische Maßnahme im Schutzraumbau jener Zeit: Große Räume wurden in kleinere Bereiche unterteilt, um die strukturelle Stabilität zu erhöhen und Druckwellen zu brechen. Man findet hier auch noch den üblichen »Luftschutzstreifen« an den Wänden. Er besteht aus einer in der Dunkelheit leuchtenden Farbe und erlaubte den Schutzsuchenden bei einem Ausfall der Beleuchtung die grobe Orientierung im Bunker.

Zur Geschichte des Kellers gehört auch die Nutzung mehrerer Gewölbe für die NS-Rüstungsproduktion. Als Reaktion auf die alliierten Bombenangriffe verlegten die Machthaber ab 1943 Teile der Industrie unter die Erde. Keller, stillgelegte Tunnel, Gewölbe und Stollen wurden genutzt, um Kriegsmaterial herzustellen. Häufig setzte man dafür Zwangsarbeiter ein, die unter entsetzlichen Bedingungen ihr Werk verrichten mussten. So auch in den Gewölben der Königstadt-Brauerei. Hier ließ die Firma Telefunken Bauteile von Radargeräten und Komponenten des V1-Flugkörpers herstellen. Bei den eingesetzten Zwangsarbeitern handelte es sich um osteuropäische Frauen, die im Keller des ehemaligen jüdischen Altersheims an der Schönhauser Allee 22

Vorige Doppelseite: Wo einst Fässer lagerten, herrscht gähnende Leere

(s. S. 57ff.) untergebracht waren. Obwohl die Bedingungen in den Brauereigewölben nicht so unmenschlich gewesen sein sollen wie andernorts, war die Arbeit in den feuchten Gewölben mit Gewissheit sehr belastend.

In der DDR wurden die Gewölbe als Lager und als Garage für die Fahrbereitschaft des Berliner Magistrats genutzt. Ab Mitte der 1960er Jahre wurden dort Champignons gezüchtet. Sie wurden direkt an örtliche Gaststätten geliefert oder unter der Hand verkauft. Champignons sind relativ einfach zu züchten und gehören – zusammen mit der Lagerung von Wein – zu den typischen einfachen Nutzungen unterirdischer Gewölbe.

Die unmittelbare Zeit nach der Revolution in der DDR war eine wilde Phase, auch für die Berliner Untergrundarchitektur. In Ost-Berlin waren unterirdische Bauten erhalten geblieben, die man im Westen längst abgerissen hätte: alte Keller, Tunnel und eben auch Brauereigewölbe. Viele von ihnen standen leer und warteten nur darauf, von Künstlern und ClubBetreibern entdeckt zu werden. In den Kellern der Königstadt-Brauerei sollen illegale Partys gefeiert worden sein. Die Arbeiten der Street-Art-

Leuchtende Farbe gegen die Tristesse: Street Art an der Kellerwand

Rampe in das Dunkel: Einstige Zufahrt

Künstler haben sich an den Wänden zum Teil bis heute erhalten. Bis vor wenigen Jahren wurden die Keller für Events und Filmproduktionen genutzt.

Ein Teil der Kellergewölbe der Brauerei musste in den 1990er Jahren einem Neubau an der Schönhauser Allee weichen. Überhaupt tat sich an der Oberfläche einiges: 1995 wurde eine Genossenschaft gegründet, die das marode Areal fit für die Zukunft machte. Sie ließ die Gebäude instand setzen und wirtschaftlich nutzen. Die günstigen Standortbedingungen führten dazu, dass sich auf dem Areal schnell eine Mischung aus Dienstleistern, Medienunternehmen, Künstlern und handwerklichen Betrieben ansiedelte. Denkmalpflegerische, soziale und ökologische Aspekte spielten für die Genossenschaft eine besonders wichtige Rolle. Nur für die alten Gewölbe fand sich lange Zeit keine neue Nutzung. 2012 wurde schließlich eine Tiefgarage eröffnet, die den größten Teil der unterirdischen Fläche einnimmt.

Mit der Garage ist ein weiteres Kapitel in der über 150 Jahre währenden Geschichte der Gewölbe aufgeschlagen worden. Es steht zugleich sinnbildlich für die Veränderungen der jüngeren Vergangenheit: Das »wilde« Berlin der Nachwendezeit verwandelt sich mehr und mehr in eine aufgeräumte Stadt. Die Stadt boomt und wächst, es wird immer mehr Platz gebraucht. Und wer weiß, vielleicht ist auch das letzte Wort über die Verwendung der Gewölbe der Königstadt-Brauerei noch nicht gesprochen.

Wasser für die wachsende Stadt

Wasserspeicher Belforter Straße

Die Wasserspeicher an der Belforter Straße in Prenzlauer Berg gehören zu den ältesten Untergrundbauten Berlins. Sie wurden ab 1853 errichtet, zu einer Zeit, in der in Berlin noch äußerst unhygienische Verhältnisse herrschten. Um 1830 hatte die Industrialisierung eingesetzt. Seither wuchs die Stadt rasant, platzte aus allen Nähten. Die Infrastruktur konnte mit dieser Entwicklung nicht mithalten. Das zeigte sich deutlich bei der Wasserversorgung. Die Berliner schöpften damals ihr Wasser entweder direkt aus der Spree oder entnahmen es den Pumpen in den Hinterhöfen und Straßen. Da aber ein großer Teil des Abwassers wieder zurück in

Denkmalgeschützt: Die alten Wasserspeicher in Prenzlauer Berg

Trockengelegt: Kammern im großen Wasserspeicher

die Spree geleitet wurde und in den Hinterhöfen meistens die Toiletten der Wohnhäuser standen, vermischten sich Frisch- und Schmutzwasser. Auch das Wasser der Straßenpumpen war alles andere als einwandfrei. Die Rinnsteine, die damals als Kanalisation fungierten, waren schlecht abgedichtet. Ihr Schmutzwasser sickerte ins Grundwasser und landete, von den Pumpen angesaugt, in den Trinkwassereimern. Das alles war nicht nur unappetitlich, es förderte vor allem Krankheiten wie Typhus und Ruhr. Kurzum, etwas musste geschehen!

Bis tatsächlich etwas geschah, verging allerdings viel Zeit. Die Verhandlungen über die Finanzierung eines Wasserspeichers zur Frischwasserversorgung zogen sich in die Länge. Die revolutionären Unruhen des Jahres 1848 sorgten für weitere Verzögerungen. Schließlich konnte die Stadt ein britisches Unternehmen für den Auftrag gewinnen: die neugegründete Berlin Waterworks Company. Die Briten waren damals anderen Nationen technisch weit voraus, denn in England hatte die Industrialisierung bereits in der zweiten Hälfte des 18. Jahrhunderts eingesetzt. Englische Ingenieure sollten in Berlin eine fortschrittliche

Wasserversorgung sicherstellen. Sie errichteten dazu 1853–56 auf dem damaligen Windmühlenberg, einem unbesiedelten Hügel vor den Toren Berlins, ein offenes Reservoir. Es hatte ein Fassungsvermögen von 3000 Kubikmetern, das Wasser wurde am Stralauer Tor aus der Spree gezogen. Dort hatte der Fluss die Stadt noch nicht passiert und führte noch sauberes Wasser. Über einen unterirdischen Röhrenstrang wurde es in das Reservoir gepumpt und floss von dort per Schwerkraft nach unten in die Häuser der Stadt.

So gut die Arbeit war, welche die Ingenieure geleistet hatten – bald zeigte sich, dass die Kapazität angesichts des wachsenden Bedarfs nicht ausreichte. 1873 erwarb die Stadt die Firma Berlin Waterworks Company von den britischen Eignern. Die Stadtherren waren der Ansicht, dass die Betreiber zu viel Geld für das Wasser verlangt hatten. Zudem verfügte die öffentliche Hand über viel Geld: Berlin war mit der Reichsgründung 1871 deutsche Hauptstadt geworden, und die Reparationen, die von den Franzosen nach dem Krieg von 1870/71 geleistet werden mussten, erlaubten größere Investitionen in die Infrastruktur.

In den folgenden Jahren wurde ein zweiter, nach oben geschlossener Behälter mit einem Fassungsver-

Echoraum: Der runde Wasserspeicher

mögen von 7000 Kubikmetern auf dem Areal errichtet. Er lag direkt neben dem ersten Behälter, war mit ihm aber nicht verbunden. Im Zuge der Baumaßnahmen erhielt auch das erste Reservoir einen Deckel. Damit sollte verhindert werden, dass Rußpartikel und sonstige Schadstoffe, die im zunehmend industrialisierten Berlin die Luft verschmutzten, im Wasser landeten. Zuletzt wurde 1874–77 noch ein Hochreservoir gebaut, um die umliegenden Wohngebiete zu versorgen. Es wurde Anfang des 20. Jahrhunderts aufgestockt – und beherbergt heute sehr begehrte Wohnungen.

1914 wurden die Wasserspeicher an der Belforter Straße zum größten Teil stillgelegt. Sie waren mittlerweile technisch veraltet, und die neuen Wasserwerke, die rings um Berlin entstanden waren, boten ein um ein Vielfaches größeres Fassungsvermögen. Die alten Speicher wurden mit ebenerdigen Eingängen versehen, übererdet, begrünt und als Speicherräume genutzt. Nicht alle Anwohner werden sich über die neue Grünfläche gefreut haben: Der Geruch der unterirdisch eingelagerten Fischfässer war weithin berüchtigt. Zudem soll Salzlake aus den Heringsfässern ausgetreten sein und die Bäume angegriffen haben.

Mit der Machtübernahme der Nationalsozialisten begann ein dunkles Kapitel in der Geschichte der Wasserspeicher. In einem der beiden stillgelegten Maschinenhäuser der Anlage wurde 1933 ein »wildes KZ« der SA eingerichtet. Haftstätten dieser Art gab es in den ersten Monaten nach der »Machtergreifung« in den meisten deutschen Städten. Allein in Berlin sollen SA und SS mehr als 220 Gefängnisse betrieben haben. Anwohner hörten aus dem Maschinenhaus die Schmerzensschreie der Gefangenen – und die NS-Lieder, die diese singen mussten. Später wurde das Gebäude von der SA als Speisesaal und Aufenthaltsraum genutzt. 1935 wurde es abgerissen. 1950, in der DDR, stellte man einen Gedenkstein für die Opfer des SA-Lagers auf, später eine Gedenkwand. Die systematische Erforschung der Ereignisse von 1933 erfolgte jedoch erst in der Nachwendezeit und damit zu spät, um die Zahl der Häftlinge und der Verstorbenen noch korrekt erfassen zu können. 2005 wurde eine zusätzliche Gedenktafel mit ausführlicheren Informationen aufgestellt. Leider ist sie bereits mehrfach beschädigt worden. An der Stelle, an der sich einst die Maschinenhalle befand, toben heute Kinder auf einem Spielplatz.

Während des Kriegs wurde in einem Teil des kleinen Wasserspeichers ein Luftschutzraum eingerichtet. Bis heute findet man dort eine entsprechende Abmauerung und einen Luftschutzstreifen mit Leuchtfarbe an der Wand. Ob der Schutzraum aber tatsächlich jemals genutzt wurde, ist ungeklärt. Sicher ist, dass die Bunkerinsassen angesichts der geringen Deckenstärke kaum vor den Bomben geschützt gewesen wären.

Direkt neben den beiden Wasserspeichern verbirgt sich noch eine weitere in Vergessenheit geratene Hinterlassenschaft des Nationalsozialismus: eine sogenannte Löschwasserzisterne. 32 dieser unterirdischen Speicher wurden seinerzeit in Berlin gebaut. Sie sollten bei Bombenangriffen schnellen Zugriff auf größere Mengen Wasser ermöglichen. Knapp zwanzig von ihnen haben sich erhalten.

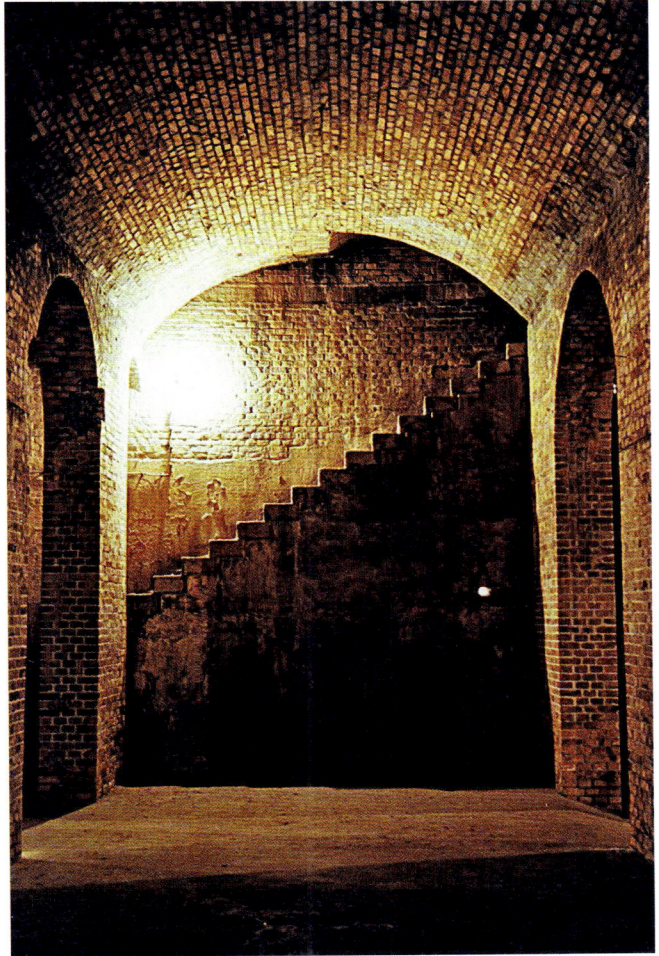

War zuerst da: Der kleine Wasserspeicher

In der Nachkriegszeit wurde der kleine Wasserspeicher als Lager der Straßenreinigung, der große Speicher vom VEB Fischhandel genutzt, was abermals zu Beschwerden wegen Geruchsbelästigung führte. 1977 wurde das Areal in die Denkmalschutzliste der DDR aufgenommen. Später wurde dieser Eintrag in das Denkmalverzeichnis des wiedervereinigten Deutschland übernommen.

Die Folgezeit brachte neues Leben in die Wasserspeicher. Der Kulturverein »Förderband« nutzt die Gebäude in Zusammenarbeit mit anderen Institutionen für kulturelle Veranstaltungen. Vor allem der große Wasserspeicher eignet sich mit seinen langen Gängen hervorragend für Licht- und Klanginstallationen. 18 Sekunden klingt hier das Echo – was in Berlin Rekord sein dürfte.

Die Wasserspeicher können im Rahmen von Führungen des Vereins »unter-berlin« besichtigt werden. Darüber hinaus werden sie zu bestimmten Anlässen, zum Beispiel am Tag des offenen Denkmals, zugänglich gemacht.

Der Schnellbrief in der Kapsel

Berliner Rohrpost

Erinnert sich noch jemand an die Rohrpost? Einst gehörte sie zur technischen Grundausstattung einer Metropole: London, New York, Paris, Wien und andere Großstädte hatten eine – und natürlich auch Berlin.

Bauweise und Funktion einer Rohrpost sind eigentlich ganz simpel – aber man muss erst einmal darauf kommen! In Berlin reicht ihre Entstehungsgeschichte bis in die Mitte des 19. Jahrhunderts zurück. Berlin wuchs und wuchs, und die Wegstrecken innerhalb der Stadt wurden immer länger. Das brachte zunehmend Kommunikationsschwierigkeiten mit sich. Die Telegraphie steckte noch in den Kinderschuhen, und ein öffentliches Fernsprechnetz entwickelte sich erst ab 1881. Zwar gab es ein gutes und zuverlässiges System für Briefpost und Pakete, aber der Verkehr quälte sich mit etwa fünf Stundenkilometern durch die Straßen Berlins. Und von den schnellen Fahrradboten der heutigen Zeit konnte man damals nur träumen.

Kommunizierende Röhren: Berliner Rohrpost

In Großbritannien, dem Mutterland der Industrialisierung, hatte man nach ersten Versuchen in den 1850er Jahren eine Antwort auf das Problem der langsamen Post gefunden. Das unter Pflaster verlegte »pneumatic dispatch system« beförderte Gegenstände und Schriftstücke mit Druckluft durch große Rohre. 1865 kam diese Technik nach Berlin. Eine

erste Strecke verband das Haupttelegraphenamt an der Französischen Straße mit der am Hackeschen Markt gelegenen Börse. Die Rohre des Systems wurden etwa einen Meter unter dem Bürgersteig verlegt, waren zirka 6,5 Zentimeter dick und wurden anfangs von »Depeschenwagen« befahren, die auf kleinen Laufrädern rollten. Da sich dieses Verfahren aber nicht bewährte, wurden die Schriftstücke bald in Kapseln durch das System geschossen. Die Berliner Rohrpost arbeitete dabei sowohl mit Druck- als auch mit Saugluft.

Nach der Behebung von technischen Kinderkrankheiten konnte das System 1876 für die Öffentlichkeit freigegeben werden. Der Erfolg war durchschlagend, und die Rohrpost wurde in den folgenden Jahrzehnten immer weiter ausgebaut. Zuletzt wurden jedes Jahr Millionen von Briefen per Rohrpost verschickt.

Wer damals einen Brief innerhalb Berlins schnell verschicken wollte, brachte ihn zum nächsten Rohrpostamt. Dort wurden Sendungen gesammelt und dann per Rohrpost – üblicherweise mit einigen Zwischenstationen – an die entsprechende Endstation weitergeleitet. Von dort brachte sie schließlich ein Briefbote zum Empfänger. Technisch wurde das System immer weiter verfeinert. So konnten zum Beispiel die Büchsen seit den 1920er Jahren sogar während der Fahrt Weichen stellen. Sie wurden nicht nur einzeln auf den Weg geschickt, sondern konnten auch zu kleinen Zügen zusammengestellt werden – Hightech im Berliner Untergrund.

Während der NS-Zeit wurde das System intensiv für die militärische Nachrichtenübermittlung genutzt. Damals erreichte es mit einer Ausdehnung auf über 250 Kilometer »Fahrrohr« den Höhepunkt seiner Entwicklung. Die Machthaber verfügten über ein eigenes Rohrpostsystem, das die wichtigsten Schaltstellen miteinander verband. Der Krieg bildete den Höhepunkt, leitete allerdings auch das Ende der Rohrpost ein. Durch Bombenangriffe und die Straßenkämpfe von 1945 wurde das System schwer in Mitleidenschaft gezogen.

Nach Kriegsende wurde die Rohrpost zunächst notdürftig wieder instand gesetzt und in Betrieb genommen. Doch schon 1949 wurde das System durch den Kalten Krieg und die Abschottung der östlichen von der westlichen Stadthälfte geteilt. Berlin hatte nun sozusagen zwei Rohr-

Stromstärke, Spannung und Druck: Anzeigetafel eines Rohrpostamts

Das ROHRPOSTNETZ von GROSS-BERLIN.

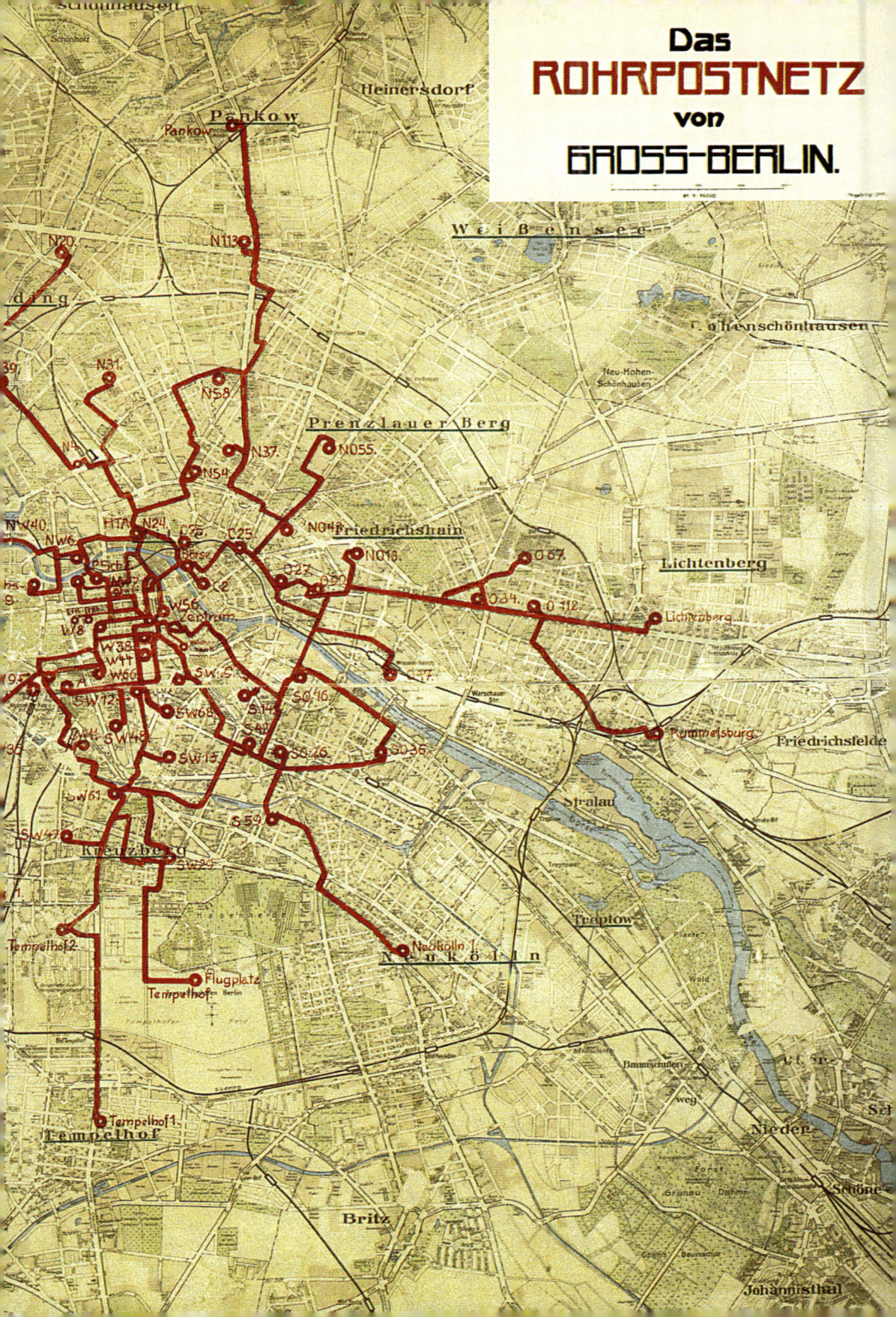

Schönhausen
Schönholz
Heinersdorf
Pankow
Pankow
Weißensee
Hohenschönhausen
N20
N113
Neu-Schönhausen
ding
N31
N58
Prenzlauer Berg
N37
N055
N54
Lichtenberg
NW40
N24
HTA
C25
NO48 Friedrichshain
Nw6
Börse
NO18
O67
PSch
O27
O50
O34 O 112
C2
Lichtenberg
W56
Zentrum
W8
W38
W44
W60
SW3
O17
SW12
S14
SO 16
Rummelsburg
Friedrichsfelde
SW49
SW68
Stralau
SW15
SO 26
SO36
SW61
S 59
SW47
Kreuzberg
SW29
Treptow
Tempelhof 2
Neukölln 1
NEUKÖLLN
Flugplatz
Tempelhof Berlin
Baumschulen
Wald
Tempelhof 1
Tempelhof
Nieder-
Schöne
Britz
Johannisthal

postsysteme. Der Ausbau des Telefonsystems sowie die Einführung von Fax- und Kopiergeräten machte die Rohrpost jedoch zunehmend überflüssig. Sukzessive wurde der Betrieb in beiden Teilen der Stadt eingestellt. In den 1970er Jahren war offiziell Schluss. Letzte betriebsinterne Nutzungen der Rohrpost sollen in den frühen 1980er Jahren stattgefunden haben, dann wurde ein langes Kapitel Technikgeschichte zu den Akten gelegt.

Noch bis vor einigen Jahren führten die Vereine »Berliner Unterwelten« und »unter-berlin« interessierte Besucher durch die ehemalige Rohrpostzentrale im früheren Haupttelegraphenamt an der Oranienburger Straße. Seit 2008 wird das Areal aber zum Forum Museumsinsel umgebaut. Die Rohrpostanlagen selbst sind denkmalgeschützt und sollen dementsprechend erhalten bleiben. Ein Teil der technischen Geräte wurde für den Zeitraum der Bauarbeiten besonders gesichert und gelagert. Ob und wann die Relikte der Rohrpost-Ära wieder aus der Versenkung auftauchen, bleibt abzuwarten.

Vorige Doppelseite: Plan des Berliner Rohrpostnetzes, um 1935

Der nationalsozialistische Folterkeller

SA-Gefängnis Papestraße

Das Areal rings um den Großbahnhof Südkreuz ist eine unwirtliche Gegend: ein von Straßen und Gleisen zerschnittenes, ödes Land mit verstreuter Gewerbebebauung. Der Bahnhof und ein großes Möbelhaus bilden die einzigen Anziehungspunkte. Die wenigsten wissen, dass hier auch ein wichtiger Gedenkort liegt: Von März bis Dezember 1933 wurden in dem SA-Gefängnis an der Papestraße etwa 2000 Menschen eingekerkert und misshandelt. Der Tod von etwa 25 Personen gilt als gesichert, wahrscheinlich wurden aber an die 40 Gefangene ermordet.

Im Februar 1933, unmittelbar nach dem Reichstagsbrand, setzte

Von außen unscheinbar: Ehemaliges SA-Gefängnis Papestraße

Ort grausamer Misshandlungen: Keller des einstigen »wilden KZ«

die Verfolgung der politischen Gegner der Nationalsozialisten ein: SA
und SS verschleppten Kommunisten, Sozialdemokraten, Gewerkschaf-
ter und alle, die ihnen unliebsam und unbequem geworden waren. Die
Polizei unternahm nichts. Sie war selbst innerhalb kürzester Zeit Teil des
Repressionsapparats geworden. Wenn die Opfer nicht schon bei ihrer
Ergreifung krankenhausreif geschlagen oder getötet wurden, landeten
sie zumeist in einem der unzähligen »wilden KZ«. Zu denen zählte auch
das Gefängnis in der Papestraße.

Die spätere Haftstätte Papestraße wurde ursprünglich, wie die ande-
ren Bauten auf dem Areal, als Kaserne für die Eisenbahntruppen genutzt.
Nach mehreren Zwischennutzungen übernahm 1933 die sogenannte
SA-Feldpolizei das Gebäude. Diese etwa 180 bis 200 Personen starke
Formation wurde als Spezialeinheit für die Verfolgung politischer Geg-
ner eingesetzt.

Der Keller des Gebäudes besteht aus einem langen Hauptgang, von dem zu beiden Seiten Räume abzweigen. Die ersten Gefangenen wurden hier ab Mitte März 1933 eingeliefert und von der SA mit äußerster Brutalität behandelt, bei weiblichen Häftlingen kam es auch zu Vergewaltigungen. Der damalige Gefangene Paul Tollmann, zur Zeit seiner Inhaftierung erst 17 Jahre alt und Mitglied im kommunistischen Jugendverband, musste beispielsweise miterleben, wie zwei Menschen vor seinen Augen starben.

Die Mehrzahl der SA-Haftstätten wurde bis Juni 1933, nach wenigen Monaten des Betriebs, wieder aufgelöst. Als Konzentrationslager der ersten Generation hatten sie ihre Aufgabe erfüllt: Die politische Opposition der Nationalsozialisten war buchstäblich zerschlagen worden. Die verstörten und geschundenen Häftlinge, die aus den Haftstätten entlassen wurden, dienten als eindringliche Warnung, sich dem neuen Regime nicht in den Weg zu stellen. Die Nationalsozialisten wollten das bürgerliche Lager nicht anhaltend verschrecken und verlegten daher den Repressionsapparat bald in abgelegene Gegenden. Außerhalb der Städte wurden große Konzentrationslager für die Inhaftierung, später auch für die Vernichtung missliebiger Personen angelegt. Die Haftstätte Papestraße wurde noch bis zum Dezember 1933 betrieben. Danach wurde das Feldjägerkorps verlegt und das Gefängnis aufgelöst. Das Gebäude wurde später für Verwaltungszwecke und als Wohnhaus genutzt.

Spuren des Leids: Inschriften von Gefangenen

Nach dem Krieg waren die Ereignisse in der Papestraße dem öffentlichen Bewusstsein jahrzehntelang entrückt. Das Wissen um den berüchtigten Haftkeller sei, so der ehemalige Gefangene Tollmann, ab 1945 konsequent verdrängt worden. Das änderte sich erst in den 1980er Jahren. Die basisdemokratischen Ansätze der 68er-Generation verliehen damals auch der Geschichtsforschung neue Impulse. Im Versuch, Geschichte anschaulich und greifbar »von unten« zu vermitteln, wurden vielerorts Geschichtswerkstätten gegründet, um die NS-Vergangenheit auf lokaler Ebene aufzuarbeiten. Eine Gruppe junger Historiker um Rolf Scholz und Matthias Heisig fing an, zu den Ereignissen in der Haftstätte Papestraße zu recherchieren.

Zu diesem Zeitpunkt war es gar nicht mehr so leicht, das Gebäude überhaupt noch ausfindig zu machen. Die alten Kasernen auf dem Gelände ähneln einander, und die Erinnerungen der ehemaligen Häftlinge, die unter Misshandlungen in den Keller eingeliefert wurden, boten kaum verlässliche Hinweise zu dessen Lage. Nur eines war bald klar: Die 1981 an einem Gebäude am heutigen Werner-Voß-Damm angebrachte Gedenktafel bezeichnete das falsche Haus. Erst der Hinweis eines

Gegen das Vergessen: Gedenkstätte

Würstchenhändlers, der die SA-Feldpolizei damals beliefert hatte, führte auf die richtige Spur. Wie sich zeigte, lagen die Haftkeller ausgerechnet in dem Gebäude, in dem Mitglieder der Geschichtswerkstatt lebten.

Zur Überraschung der jungen Historiker befanden sich die Räume praktisch noch im Zustand der 1930er Jahre. An den Wänden waren sogar die Schriftzüge und Zeichnungen der Häftlinge und ihrer Wächter zu sehen.

In mühevoller Kleinarbeit haben die Mitglieder der Geschichtswerkstatt die Vergangenheit des Ortes rekonstruiert und über 400 Häftlinge identifiziert. Einen vollständigen Überblick über die Zahl der Inhaftierten und Ermordeten wird es nicht geben. Trotz dieser Lücken ist das mittlerweile zu einer Gedenkstätte ausgebaute Gefängnis von großem Wert für die Erinnerung an die Verbrechen des Nationalsozialismus. Es ist ein Beleg dafür, dass der NS-Terror sich zumindest anfangs keineswegs am Rande der Gesellschaft abspielte, sondern inmitten der Städte.

Der Luftschutzraum im Geisterbahnhof

Bunker Littenstraße

Zu den interessantesten Anlagen, die im Berliner Untergrund zu finden sind, gehört der Luftschutzbunker unter der Littenstraße im Ortsteil Mitte. Seine Anlage geht auf das Jahr 1940 zurück. Damals flog das Bomber Command der britischen Luftwaffe, der Royal Air Force, die ersten Bombenangriffe auf Berlin. Sie richteten nur geringe Schäden an, doch für die deutsche Führung waren sie ein Alarmsignal. Sie zeigten deutlich Unzulänglichkeiten in der nationalsozialistischen Kriegsplanung auf. Die Bomber kamen nachts, und die deutsche Abwehr war nicht in der Lage, sie zu stoppen. Die Flugabwehrkanonen konnten zwar mit Granaten,

Schutt und Asche: Berliner Straße nach einem Bombenangriff, 1943

die in bestimmter Höhe detonierten, für einen großen Feuerzauber am Himmel sorgen, aber die Zahl der dadurch beschädigten oder gar zum Absturz gebrachten Angreifer war gering. Die deutschen Jagdflugzeuge verfügten noch nicht über die notwendige technische Ausrüstung, um feindliche Bomber in der Dunkelheit aufzuspüren und anzugreifen. Es musste schnell gehandelt werden.

Im Rahmen eines »Führer-Sofortprogramms« setzte fieberhafte Bautätigkeit in den deutschen Städten ein. Wo immer es ging, an der Oberfläche und unter der Erde, wurden Luftschutzbunker aus Stahlbeton errichtet. Zugleich wurden alle brauchbaren unterirdischen Anlagen für den Luftschutz umfunktioniert. Dazu gehörten Kellerräume, Brauereigewölbe, alte Wasserspeicher – und U-Bahn-Bauten wie der nie in Betrieb genommene Geisterbahnhof unter der Littenstraße, unmittelbar östlich der U-Bahn-Station Klosterstraße.

Die Strecke, zu der diese Station gehörte, konnte wegen des Ersten Weltkriegs nicht fertiggestellt werden. Ein Tochterunternehmen der AEG hatte ab 1912 an einer U-Bahn-Linie von Gesundbrunnen nach Neukölln, der sogenannten GN-Bahn, gebaut. Weil bald nach Kriegsausbruch 1914 die wichtigsten Fachkräfte an der Front gebraucht wurden und das Baumaterial von minderer Qualität war, stagnierte der Bau. Im Bereich der Spree drang schließlich Wasser in den Tunnel ein. Als das Projekt 1919 eingestellt wurde, waren nur einige Teilstücke der geplanten Strecke realisiert, darunter der zu einem 700 Meter langen Tunnel gehörende Bahnhofsrohbau. Die Arbeit an der GN-Bahn wurde später mit einer veränderten Streckenführung wiederaufgenommen. Der Geisterbahnhof Littenstraße wurde zusammen mit dem dazugehörigen Tunnel als Abstell- und Überführungsgleis genutzt.

Für den 1942 vollendeten Umbau der Station zum Bunker wurden auf einer Hälfte des Bahnsteigs und dem dazugehörigen Gleis kleine Schutzräume eingerichtet. Das andere Gleis konnte weiterhin befahren werden. Zudem wurde eine neue Tunneldecke aus Stahlbeton eingezogen. Die Anlage besteht im Grunde nur aus einem langen Gang, von dem seitlich kleine Aufenthaltsräume abzweigen. Insgesamt umfasst der Bunker rund 150 Räume. Mehrere Tausend Personen kamen während des Kriegs dort unter. Obwohl sie vergleichsweise sicher vor Bomben waren, waren die

Endlose Gänge: Luftschutzraum im Geisterbahnhof Littenstraße

Schutzsuchenden nicht unbedingt zu beneiden. Der Bunker ist sehr eng, die Atmosphäre darin beklemmend – kein Ort, an dem man verweilen möchte. Bei schweren Bombenangriffen mussten die Insassen mitunter mehrere Stunden dort ausharren. Zutritt hatten nur »Volksgenossen«. Den noch nicht deportierten jüdischen Berlinern blieb der Zutritt zu Luftschutzbauten verwehrt, bestenfalls konnten sie in schlecht gesicherten »Judenkellern« unterkommen.

Zeugnis der Kriegszeit: Wegweiser

Nach Ende des Kriegs wurden in der Anlage unter anderem Champignons gezüchtet. Eindringendes Spreewasser stellte weiterhin ein großes Problem dar. Da der Tunnel nach dem Bau der Berliner Mauer eine Verbindung zwischen Ost- und West-Berlin darstellte, wurde er von DDR-Grenzsoldaten entsprechend bewacht. Nach der Revolution in der DDR geisterte eine Meldung durch die Presse, es handle sich bei der Anlage um einen Atombunker für die Führungsriege der SED. Anderen Berichten zufolge waren in den Bunkerräumen Haftzellen des Ministeriums für Staatssicherheit eingerichtet.

Wer sich selbst ein Bild von diesem Ort machen will, der muss sich einer Führung anschließen, die Mitarbeiter der BVG und des Vereins »Berliner Unterwelten« durchführen. Da es erfahrungsgemäß einen großen Andrang gibt, sollte man sich rechtzeitig anmelden und zeitig erscheinen.

Zwischen »Götterdämmerung« und Banalität

Führerbunker

Von keinem unterirdischen Bauwerk in Berlin geht eine so große Anziehungskraft aus wie von Hitlers letzter Zuflucht. Bücher über den »Führerbunker« füllen ganze Regale. Es gibt Filme über den Bau, computergenerierte Rekonstruktionen und jede Menge Geschichten. Touristen suchen zwischen den tristen Plattenbauten an Voß- und Wilhelmstraße nach Spuren des Betonbaus und dessen dunkler Aura – vergeblich, denn vom Bunker ist zumindest an der Oberfläche nichts geblieben. Woher rührt die anhaltende Faszination für das verschwundene Bauwerk? Und was genau hat es mit dieser Anlage auf sich?

Nichts ist geblieben: Touristen am Ort des »Führerbunkers«

Der als »Führerbunker« bezeichnete Komplex bestand genau genommen aus zwei verschiedenen Bauwerken. Mitte der 1930er Jahre wurde unter dem neuen Festsaal der alten Reichskanzlei der sogenannte Vorbunker gebaut. Er war rechteckig und bestand aus knapp zwanzig Räumen, die meisten etwa zehn Quadratmeter groß. Ab 1943 wurde als Erweiterung ein zweiter Bunker an diese Anlage herangebaut. Dieser sogenannte Hauptbunker war durch eine Treppe mit dem Vorbunker verbunden, lag aber tiefer als dieser und verfügte über eine wesentlich stärkere Decke. Dieser Zubau unter dem Garten der Reichskanzlei ist der eigentliche Führerbunker. Er wurde nie ganz fertiggestellt. Sein Bau war notwendig geworden, weil der Vorbunker angesichts der zunehmenden Sprengkraft und Präzision der alliierten Bomben nicht mehr genügend Schutz bieten konnte. Hinsichtlich seiner Größe und Raumaufteilung entsprach der Hauptbunker in etwa dem Vorbunker.

Im Führerbunker verbrachte Hitler die letzten zwei Monate seines Lebens. Er begab sich Ende Februar oder Anfang März 1945 in den Schutzbau und hielt sich bis zu seinem Suizid Ende April fast durchgehend dort auf. Drei Räume und die dazugehörigen sanitären Einrichtungen standen ihm zur Verfügung. In so gut wie allen Büchern und Berichten, die über das Leben im Bunker verfasst wurden, werden die Feuchtigkeit, die Kälte und die Gerüche beschrieben, die den Aufenthalt dort unangenehm machten. Aus dem frischen Beton trat noch Wasser aus, und die Feuchtigkeit sorgte in Kombination mit Essensresten, ungewaschener Kleidung, körperlichen Ausdünstungen, Hundegeruch und überlasteten Toiletten dafür, dass es im Führerbunker regelrecht stank. Auch die drangvolle Enge innerhalb des Bauwerks wird geschildert. Es hielten sich zu viele Menschen dort auf. Autoren und Zeitzeugen berichten zudem vom Realitätsverlust, der nicht nur Hitlers Verhalten kennzeichnete und für eine beklemmende Atmosphäre in diesem Mikrokosmos sorgte.

Als Hitler mit seinem Gefolge in den Bunker übersiedelte, war die militärische Lage längst hoffnungslos. Am 21. April 1945 hatten sowjetische Truppen den Stadtrand Berlins erreicht. Der »fanatische Endkampf«, den die NS-Propaganda schildert und von dem bis heute gelegentlich die Rede ist, dauerte knapp zwei Wochen und stellte aus militärischer Sicht lediglich eine Aufräumaktion dar. Die Wehrmacht war bereits weit vor Berlin entscheidend geschlagen worden. Durch die Anfang 1945 einsetzende sowjetische Großoffensive hatte sie schwerste Verluste erlitten.

Sprengung eines Symbols: Eingang und Belüftungsturm, 1947

Für eine wirksame Verteidigung Berlins standen nicht mehr genügend Reserven bereit. Ab dem 25. April war die Stadt vollständig eingeschlossen. Hitler wollte in Berlin bleiben und sich nicht ausfliegen lassen. Vielleicht glaubte er, sein unausweichliches Ende in der Reichshauptstadt am besten inszenieren zu können.

Während die Sowjets immer tiefer in die Stadt eindrangen, durchlief Hitler starke Stimmungsschwankungen: Wenn er nicht gerade tobte, apathisch dahindämmerte oder in Depressionen versank, träumte er davon, dass es zu einem Bruch zwischen den Alliierten käme oder dass die »Armee Wenck«, die »Armee Busse« oder die »Gruppe Steiner« Berlin in letzter Minute retten könnten. Diese angeschlagenen Verbände kamen über örtliche Vorstöße aber nicht mehr hinaus. Am 30. April brachten sowjetische Truppen den Reichstag zum größten Teil unter ihre Kontrolle. Abends, während im Gebäude noch Schüsse fielen, hissten sie die Rote Fahne auf dem Dach. Bis zu Hitlers Reichskanzlei waren es von hier aus nur noch 750 Meter.

Am selben Tag nahmen sich Adolf Hitler und Eva Braun – nach ihrer Heirat am Vortag eigentlich Eva Hitler – im Führerbunker gemeinsam das Leben. Hitler schoss sich in den Kopf. Er starb nicht, wie die NS-Propaganda behauptete, im Kampf. Seine Frau nahm Zyankali. Die beiden Leichen wurden im Garten der Reichskanzlei mit Benzin übergossen und verbrannt, die Überreste in einen Granattrichter geworfen. Umstritten ist, ob die Leichen nach der Verbrennung noch erkennbar oder nur Aschereste zurückgeblieben waren.

Ein Teil von Hitlers Gefolgsleuten flüchtete am Abend des 1. Mai aus der eingeschlossenen Reichskanzlei. Andere nahmen sich das Leben,

Trümmer im einstigen Zentrum der Macht: Komplex der Reichskanzlei

darunter auch Joseph Goebbels und seine Frau Magda, die zuvor ihre sechs Kinder hatten vergiften lassen. Am folgenden Tag wurde die nur noch schwach verteidigte Reichskanzlei von sowjetischen Einheiten eingenommen. Kämpfe um den Führerbunker gab es nicht, die Anlage war ja nur für den Luftschutz und nicht als Kampfbunker gebaut worden. Die ersten Truppenteile, die den menschenleeren Führerbunker – nur ein, zwei Personen sollen sich dort noch aufgehalten haben – betraten, waren offenbar Soldatinnen, die sich an Eva Brauns Kleidern bedienten und wieder verschwanden. An diesem 2. Mai sollte auch die Berliner Garnison kapitulieren.

Die sowjetische Führung

Besucher im »Führerbunker«, 1946

ließ umgehend nach Hitlers Leiche suchen. Der Fund eines Toten, der ihm sehr ähnlich sah, möglicherweise eines Doppelgänger Hitlers, sorgte eine Zeitlang für Verwirrung. Die Tatsache, dass dieser Tote aber gestopfte Socken trug, überzeugte die Sowjets schnell, dass es sich bei ihm wohl nicht um den echten Hitler handeln konnte. Der falsche Leichnam gab den Auftakt zu einem jahrzehntelangen Verwirrspiel. Verschwörungstheoretiker, Boulevardjournalisten und Scharlatane aller Art fanden ein weites Betätigungsfeld, denn die Berichte derjenigen, die sich bei Hitlers Tod im Führerbunker aufgehalten hatten, waren nicht eindeutig. Und: Hitlers Leiche fehlte! Wenn es aber keine Leiche gab, dann lebte

Hitler womöglich noch – in den Alpen, in Südamerika oder in einer geheimen Basis auf dem Mond.

In Wirklichkeit hatte das russische Militär Hitlers Reste schon kurze Zeit nach der Kapitulation Berlins gefunden und anhand der Zähne eindeutig identifiziert. Gezielt stiftete es jedoch Verwirrung um das Schicksal des Diktators. Kurz nachdem es bekanntgegeben hatte, Hitlers Leiche gefunden zu haben, behauptete es, er sei noch am Leben und verstecke sich in Europa, möglicherweise in Spanien, wo zu jener Zeit der Diktator Franco herrschte, dem Hitler durch sein Eingreifen im spanischen Bürgerkrieg zur Macht verholfen hatte. Später deuteten die Sowjets an, dass die Briten Hitler verstecken würden oder ihm zur Flucht verholfen haben könnten.

Erst 1968 gaben die Sowjets zu, Hitlers Leiche gefunden zu haben, machten zugleich aber irreführende Angaben zu deren Verbleib. Inzwischen gilt als sicher, dass Hitlers Überreste nach mehreren Zwischenstationen auf dem Areal einer sowjetischen Einheit in Magdeburg vergraben, 1970 unter strenger Geheimhaltung hervorgeholt und anschließend »entsorgt« wurden. Schädel und Reste des Kiefers waren allerdings lange vorher entnommen und separat aufbewahrt worden. Nach 1992 wurden sie gegen hohe Gebühren Journalisten, Historikern und Kamerateams präsentiert. Vor einigen Jahren belegten forensische Untersuchungen jedoch, dass der gezeigte Schädel nicht Hitler, sondern einer Frau gehörte. Zumindest die Kieferreste sollen aber echt sein. Hitlers Zahnarzt hatte ihm markante Brücken eingesetzt, die bereits 1945 eine korrekte Zuordnung ermöglichten.

Der Führerbunker entwickelte sich in der frühen Nachkriegszeit zu einer touristischen Sehenswürdigkeit, die nicht nur von sowjetischen, sondern auch von amerikanischen, britischen und französischen Soldaten aufgesucht wurde. Und das, obwohl Grundwasser eindrang und der Bunker von sowjetischen Soldaten offenbar als Toilette benutzt wurde. Auch Winston Churchill besuchte die Anlage. Von 1947 bis 1959 wurden Teile des Bunkers durch Sprengungen und Abrissarbeiten zerstört. Die Überreste untersuchte und dokumentierte die DDR-Staatssicherheit in den 1970er Jahren. Der größte Teil des Bunkers wurde 1988 bei der Errichtung der bis heute bestehenden Plattenbauten abgerissen. Nur die Bodenplatte und Teile der Seitenwände des Hauptbunkers verblieben im Erdreich.

Der Führerbunker war jahrzehntelang ein »Unort« der deutschen Geschichte. Das im DDR-Grenzgebiet liegende Areal war abgesperrt, und der ostdeutsche Staat maß dem Bunker keine historische Bedeutung zu. Erst durch die Öffnung und den Abriss der Berliner Mauer wurde die Fläche wieder für die Allgemeinheit zugänglich. Zugleich zeigt die Öffentlichkeit seit den 1990er Jahren ein verstärktes Interesse an NS-Bauten. Als 2013 bislang unveröffentlichte Bilder der Anlage auftauchten, sorgten sie für großen Medienrummel. Vor allem Touristen aus dem englischsprachigen Raum sind sehr neugierig auf den Bunker. Oft sieht man drei oder vier Besuchergruppen gleichzeitig auf dem Gelände, einem staubigen Parkplatz. Das touristische Phänomen »Führerbunker« entbehrt insofern nicht einer gewissen Komik, als es vor Ort eben nichts zu sehen gibt. Der Führerbunker als unsichtbare Sehenswürdigkeit, als großes Nichts! Vielleicht ist das ein angemessenes Ende für dieses Bauwerk.

Ein Keller voller Geschichte

Schönhauser Allee 22

Wie viel Geschichte lässt sich in einem Keller unterbringen? Die Keller unter dem Gebäude Schönhauser Allee 22 zeigen: Eine ganze Menge. In den Räumen finden sich Hinterlassenschaften aus allen Kapiteln der Berliner Geschichte des vergangenen Jahrhunderts – dicht an dicht, in bemerkenswerter Vollständigkeit. Der Keller zeugt vom Reichtum jüdischen Lebens vor 1933, von Vertreibung und Zwangsarbeit im Nationalsozialismus, vom Kalten Krieg, von der friedlichen Revolution in der DDR und von den Umbrüchen der folgenden Jahre. Mehr Geschichte kann ein einzelner Keller kaum bergen.

Einstiges Altersheim: Schönhauser Allee 22

1880 stiftete das Ehepaar Manheimer das Gebäude Schönhauser Allee 22 der Jüdischen Gemeinde als Altersheim. 1883 konnte das für über vierzig Bewohner ausgelegte Haus in Betrieb genommen werden, bis 1892 kamen zwei Anbauten hinzu. Das Heim zeichnete sich durch eine erstklassige Betreuung seiner Bewohner aus. Doch seit dem Ersten Weltkrieg konnte das hohe Niveau der Fürsorge nur noch schwer aufrechterhalten werden. Mit dem

Aufzug des Nationalsozialismus wurde es gänzlich unmöglich. 1935 waren über hundert Menschen in dem Gebäude untergebracht. 1942 wurden die meisten von ihnen in die Vernichtungslager verschleppt. Zunächst wurde das Gebäude offenbar als Sammellager für weitere Deportationen genutzt, später zog die für Rüstung zuständige Organisation Todt ein. 1944 wurde die Jüdische Gemeinde als Hauseigentümer aus dem Grundbuch gestrichen und der Bau der Stadt Berlin überschrieben.

Nach dem Zweiten Weltkrieg übernahm die Ost-Berliner Polizei das Haus. Einige Indizien lassen vermuten, dass auch die Stasi das Gebäude nutzte. Nach einem Rechtsstreit mit der Jewish Claims Agency wurde das Gebäude 2006 der Jüdischen Gemeinde zu Berlin zugesprochen. Diese verkaufte es 2010 an eine Immobilienfirma, die dort 17 Eigentumswohnungen einrichten ließ.

Der unterirdische Bereich des Gebäudes besteht aus dem Haupt- und einem Tiefkeller. Der Hauptkeller zieht sich entlang der Längsachse durch den Bau und besteht aus einem zentralen Gang, von dem auf beiden Seiten diverse Räume, der Heizungskeller und zwei Treppenhäuser abzweigen. Er liegt nur halb unter der Erde, durch Fenster gelangt etwas Tageslicht herein. Ursprünglich befanden sich in dem Hauptkeller eine Waschküche, eine Roll- und Plättkammer, eine Küche, ein Vorratsraum, eine Heizkammer, ein Portiersplatz und eine Mädchenkammer.

Während des Zweiten Weltkriegs wurden im Keller des Hauses osteuropäische Zwangsarbeiterinnen eingesperrt, die in den Gewölben der Königstadt-Brauerei (s. S. 21ff.) für die NS-Rüstungsindustrie arbeiten mussten.

In der DDR-Zeit wurden im Hauptkeller sieben Haftzellen eingerichtet. Hier spielten sich 1989 dramatische Ereignisse ab. Anfang Oktober 1989 wurde in der Gethsemanekirche an der Stargarder Straße eine Mahnwache für politische Gefangene abgehalten. Am 7. und 8. Oktober kam es zu schweren Übergriffen der Polizei und anderer »Sicherheitskräfte« auf die Teilnehmer der Mahnwache, auf Demonstranten und auch auf unbeteiligte Passanten. Viele von ihnen wurden auf die Ladeflächen von LKW gestoßen und abtransportiert. Ein Teil der Gefangenen landete in der Volkspolizei-Inspektion in der Schönhauser Allee 22. Dort mussten sich viele von ihnen ausziehen und stundenlang an eine Wand stellen. Wer protestierte oder zusammenbrach, wurde verprügelt. Insgesamt wurden an diesen beiden Tagen mindestens 220 Personen von der Polizei und anderen Einsatzkräften verletzt. Auf staatlicher Seite gab es etwa fünf Verletzte.

Eine Besonderheit des Gebäudes bildet der verbunkerte, vom Hauptkeller aus über eine Treppe erreichbare Tiefkeller, der mehrere Räume umfasst und offenbar 1971 eingerichtet wurde. Eine massive Metalltür im Eingangsbereich sollte radioaktive Strahlung abhalten. Zudem wurden ein Lüfter für die Versorgung mit sauberer Frischluft und ein Notstromaggregat eingebaut. Der Tiefbunker war als Schutzraum im Falle eines Kriegs gedacht. Während für die Bevölkerung nur sehr wenige Räume dieser Art zur Verfügung standen, waren staatliche Organe

Schreckensort: Haftkeller der Vopo

der DDR wie die Volkspolizei-Inspektion Schönhauser Allee 22 relativ gut versorgt.

Ein vermauerter Durchbruch im Tiefkeller weist auf einen ehemaligen Fluchttunnel zum südlichen Nachbargebäude Schönhauser Allee 21 hin. Derartige Tunnel sollten den Ausstieg der Bunkerbesatzung in dem Fall ermöglichen, dass die regulären Ausgänge blockiert waren. Ein Zeitzeuge beschreibt den heute nicht mehr begehbaren Gang als oval und so niedrig, dass man darin nicht aufrecht stehen konnte. Der Tunnel bestand aus vorgefertigten Betonsegmenten. Ein- und Ausgang, die ursprünglich mit einer Metallklappe versehen waren, wurden 1994 vermauert.

Eine weitere Eigentümlichkeit findet sich im Hauptkeller des Gebäu-

des. Eine Metallklappe im Boden führt über eine Leiter in einen kleinen
Raum hinab. Welchem Zweck dieser abgetrennte Tiefkeller gedient haben könnte und wann er angelegt wurde, ist unklar.

Ein Notausgang in Form eines Mauerdurchbruchs zwischen den
Kellern der Nachbarhäuser 21 und 20 erinnert an die wilde Zeit nach
der friedlichen Revolution. Beide Häuser wurden 1989 besetzt, offenbar im stillschweigenden Einverständnis mit der damals noch immer bestehenden Vopo-Wache in der Schönhauser Allee 22. Die Hausbesetzer
mussten nicht nur eine polizeiliche Räumung gewärtigen, sondern waren auch der Bedrohung durch die rechtsradikale Szene ausgesetzt, die
in Prenzlauer Berg an Stärke gewann und nicht zuletzt durch Überfälle
auf besetzte Häuser von sich reden machte. Besonders gefährlich war
die Situation, wenn der BFC Dynamo im nahe gelegenen Ludwig-Jahn-
Stadion spielte. Danach kam es oft vor, dass Hooligans Treffpunkte der
Linken in der benachbarten Kastanienallee angriffen und ihre Aufmerk-
samkeit anschließend den beiden besetzten Häusern in der Schönhauser

Mit rätselhafter Funktion: Raum unterhalb des Hauptkellers

Allee widmeten. Um dieser Gefahr zu begegnen, wurden die Haustüren beider Gebäude verbarrikadiert. Der Wanddurchbruch im Keller ermöglichte es den Besetzern, die Kommunikation zwischen beiden Häusern in bedrohlichen Situationen aufrechtzuerhalten.

Die Hausbesetzer hatten für ihren Notausgang eine Stelle ausgewählt, die bereits im Zweiten Weltkrieg für einen Durchbruch präpariert worden war. Damals hatten viele Berliner bei Bombenangriffen in ihren Hauskellern Schutz gesucht. Falls das Gebäude über ihnen getroffen wurde, konnten sie an der entsprechenden Stelle die ausgedünnte Wand durchschlagen und sich in den benachbarten Keller vor der Verschüttung retten.

Notausgang: Vermauerter Fluchttunnel

Heute ist der Durchbruch zwischen den Häusern 21 und 20 verschlossen und hinter einem Verschlag versteckt.

Nach der vollständigen Sanierung des Gebäudes zeugt gegenwärtig nichts mehr von der langen, wechselhaften Geschichte des Kellers. Es wäre wünschenswert, dass zumindest eine Gedenktafel an sie erinnerte.

Der Schildbürgerstreich an der Sektorengrenze

CIA-Spionagetunnel

Wer das AlliiertenMuseum im Südwesten Berlins besucht, kann dort ein großes Stück rostigen gewellten Metalls besichtigen. Es erinnert an ein Kapitel des Kalten Kriegs, das dem Drehbuch eines Agententhrillers entnommen sein könnte.

Es ist kein Geheimnis, dass Berlin in den Jahrzehnten der Teilung ein Ort reger Agententätigkeit war. Da die wachsenden nuklearen Arsenale einen offenen Krieg zwischen den Machtblöcken zu einem unberechenbaren Risiko gemacht hätten, setzten beide Seiten verstärkt auf Mittel der indirekten Kriegsführung: Stellvertreterkriege, Spionage, Propagan-

Im AlliiertenMuseum zu bewundern: CIA-Spionagetunnel

Ausgegraben: Segment des amerikanisch-britischen Abhörtunnels

da, Subversion, Zersetzung, Sabotage und Handelsembargos sollten den Gegner schwächen und destabilisieren.

Die Spionage war dabei von besonderer Wichtigkeit, da sie Informationen über Stärken und Schwächen der anderen Seite liefern und mögliche Kriegsvorbereitungen aufdecken konnte. In mindestens einem Fall hat Spionage als Frühwarnsystem möglicherweise sogar einen Atomkrieg verhindert. Anfang der 1980er Jahre schöpfte die sowjetische Führung den Verdacht, ein anstehendes Nato-Manöver sei in Wahrheit der Auftakt eines Angriffs auf den Ostblock. Entsprechend lagen die Nerven in Moskau blank. Als der Spion Oleg Gordijewski den Westen vor einer möglichen Überreaktion der Sowjets warnte, wurde das Manöver nur in einer reduzierten Form durchgeführt, um einen Konflikt zu vermeiden.

Berlin war die wichtigste Schnittstelle zwischen Ost und West. Als Insel inmitten der DDR war West-Berlin besonders für westliche Nachrichtendienste eine ideale Spionagebasis. Neben dem Agenteneinsatz im Osten Berlins, der Radarüberwachung des ostdeutschen Luftraums und dem Belauschen des Funkverkehrs arbeiteten die Briten und Amerikaner Mitte der 1950er Jahre an einer weiteren Methode der Informations-

Ertappt: Der Tunnel nach seiner offiziellen Entdeckung

beschaffung: Man wollte mithilfe eines geheimen Tunnels die Kommunikationsstränge der Roten Armee anzapfen. Ein ähnliches Vorhaben war zuvor im besetzten Wien gelungen. Die sowjetische Militärführung wickelte einen großen Teil des Nachrichtenverkehrs über das alte Reichspost-Fernkabelnetz ab. Dessen unterirdische Leitungen wollte man anzapfen.

Die amerikanische CIA und der britische Geheimdienst SIS gruben dafür am Rande des West-Berliner Ortsteils Rudow von einem als Radarstation getarnten Gebäude aus einen Tunnel in das Territorium der DDR. Dort zapften sie die Telefonleitungen an, die entlang der Schönefelder Chaussee verliefen. Eine dieser Leitungen diente der Verbindung zwischen der im brandenburgischen Wünsdorf gelegenen DDR-Kommandozentrale der Sowjetarmee und dem Kreml. Der Tunnel wurde aus Stahlsegmenten gebaut, lag sechs Meter tief in der Erde und hatte eine Länge von knapp 430 Metern.

Die Konstruktion eines solchen Tunnels mag auf den ersten Blick relativ einfach erscheinen. Die besondere Herausforderung lag aber darin, dass die andere Seite natürlich nichts von Bau und Betrieb mitbekommen durfte. Der Tunnel musste mit einer Klimaanlage ausgestattet werden, nicht für den Komfort der Techniker, sondern um zu verhindern, dass die Abwärme ihrer Geräte im Winter den Schnee an der Oberfläche zum Schmelzen brachte. Zudem musste das Anzapfen der Telefonleitungen natürlich so geschehen, dass die Belauschten keinen Verdacht schöpften und die Kabel nicht beschädigt wurden. Es gelang: Der Tunnel, der im Mai 1955 den Abhörbetrieb aufnahm, war eine technische Meisterleistung.

Leider war diese wertlos. Die Sowjets wussten von Anfang an Bescheid. Sie hatten einen Spion im britischen Geheimdienst, einen gepflegten Gentleman namens George Blake. Der SIS-Agent hatte sich 1950 in nordkoreanischer Gefangenschaft »umdrehen« lassen und informierte die sowjetische Seite über den Tunnel.

Dass die russische Spionageabwehr im Bilde war, bedeutete jedoch nicht, dass der Tunnel für sie kein Problem darstellte. Sie konnten ihn ja nicht einfach auffliegen lassen. Dann nämlich hätten die Briten und Amerikaner geahnt, dass es in ihren Reihen einen Verräter gab. Somit blieb den Sowjets zunächst einmal nichts anderes übrig, als die Tunnelbauer gewähren zu lassen und auf eine Gelegenheit zu warten, bei der sich der Tunnel glaubwürdig enttarnen ließ. Die Zeit drängte, denn dass die Kommunikationsströme der Roten Armee durchgehend angezapft wurden, war auf Dauer natürlich ein unerträglicher Zustand.

Theoretisch hätten die Sowjets die Option gehabt, die Lauschenden mit gefälschten Informationen zu versorgen. Das wäre aber mit einem immensen Aufwand verbunden gewesen. Jede Lüge muss durch zwei weitere Lügen gedeckt werden, heißt es. Aber auch die Amerikaner und Briten hatten Sorgen: Die Auswertung der aufgezeichneten Daten wurde durch deren schiere Menge erschwert – etwa 440 000 Telefonate wurden unter anderem abgehört.

Die von der Sowjetunion ersehnte Gelegenheit, das Spiel zu beenden, ergab sich rund ein Jahr später, im April 1956. Nachdem mehrtägiger Dauerregen den Boden aufgeweicht hatte und es an einer Leitung zu einem Schaden gekommen war, stießen ostdeutsche Reparaturtrupps, die von den Sowjets aber nicht über den Tunnel informiert worden waren, auf die angezapften Kabel. Damit hatte man den Tunnel offiziell entdeckt. Seitens der Amerikaner erregte dieser Vorgang keinen Verdacht, da extremes Wetter tatsächlich Leitungen beschädigen konnte. Für die

Konspirativ: Die »Radarstation«, von der aus der Tunnel gegraben wurde

russische Seite war der Zeitpunkt der Entdeckung auch deshalb günstig, weil sich die sowjetischen Staatsoberhäupter Chruschtschow und Bulganin gerade auf Staatsbesuch in Großbritannien befanden und die Entdeckung des Tunnels bei dieser Gelegenheit propagandistisch bestens ausgeschlachtet werden konnte.

Der Tunnel wurde ausgewählten Journalisten präsentiert. Begleitet von einer entsprechenden Medienkampagne, forderten entrüstete DDR-Bürger die Westmächte auf, jegliche Spionagetätigkeit von West-Berlin aus gegen die DDR sofort zu unterlassen. Auf der westlichen Seite hatte man unmittelbar nach der Entdeckung des Tunnels erwogen, das Bauwerk zu sprengen. Da man aber nicht ausschließen konnte, dass dabei sowjetische Soldaten zu Schaden kommen würden, sah man von diesem Vorhaben ab.

Die Geschichte des Spionagetunnels war damit vorerst zu Ende. Auf dem Territorium der DDR wurde er ausgegraben. Im Westen schüttete man ihn teilweise zu. Der Doppelagent George Blake wurde 1961 festgenommen und von einem britischen Gericht zu 42 Jahren Haft verurteilt. 1966 schaffte er es jedoch, aus seinem Londoner Gefängnis zu entkommen und in die Sowjetunion zu flüchten. Seither lebt er zurückgezogen in Moskau.

1997 feierte der in Vergessenheit geratene Tunnel ein kleines Comeback. Ein Abschnitt von etwa sieben Metern wurde lokalisiert, ausgegraben und für die Präsentation des Sachbuchs »Die unsichtbare Front: Der Krieg der Geheimdienste in Berlin« dem Fachpublikum zugänglich gemacht. Nach einer Restaurierung kann er heute im AlliiertenMuseum besichtigt werden.

2005 wurde bei Bauarbeiten an der Stadtautobahn ein weiteres Tunnelfragment entdeckt und geborgen. 2012 stieß man nahe Pasewalk auf Segmente, die zu dem unter ostdeutschem Gebiet liegenden Abschnitt des Tunnels gehört hatten. Sie waren bei Übungen der NVA als Kommando-Unterstand verwendet und eingegraben worden. Auch diese Segmente wurden auf Initiative des AlliiertenMuseums geborgen.

Der unterirdische Weg in die Freiheit

Berliner Fluchttunnel

Der Bau der Berliner Mauer am 13. August 1961 war eine Zäsur in der Geschichte Berlins. Zu Beginn bestand die Mauer vielerorts nur aus Stacheldraht und Zäunen. Mit Glück, Mut, Beobachtungsgabe und Einfallsreichtum konnte man sie überwinden, wenngleich nur unter Lebensgefahr. Schnell aber wurden die Grenzanlagen ausgebaut. Jeder erfolgreiche Grenzdurchbruch zog eine Untersuchung nach sich, um weitere Fluchtvorhaben an derselben Stelle oder auf dieselbe Weise zu verhindern. Schon nach kürzester Zeit war es nur noch unter größten Schwierigkeiten möglich, von Ost nach West zu gelangen.

Weil die Mauer kaum mehr zu überwinden war, versuchten es viele Flüchtlinge unterirdisch. Obwohl die DDR schon in den 1950er Jahren damit begonnen hatte, dort Gitter zu installieren, hatte es in den ersten Wochen nach dem Mauerbau Fluchten durch die Kanalisation gegeben. Insgesamt sollen einige Hundert Menschen durch Abwassertunnel in den Westen geflohen sein. Aber auch dieser Weg wurde innerhalb kurzer Zeit von den DDR-Grenzern weitgehend abgeriegelt: Die Kanalisation wurde an den entsprechenden Stellen vergittert und mit Alarmsystemen versehen.

Später wurde die Ost-Berliner Kanalisation schrittweise ganz von der West-Berlins abgetrennt. Das geschah allerdings nicht vorrangig, um Fluchten zu verhindern, sondern aus finanziellen Gründen: Solange Ost- und West-Berlin gemeinsam eine Kanalisation für die ganze Stadt betrieben, musste die Ost-Berliner Stadtverwaltung bei Wartungsarbeiten und ähnlichen Fällen immer wieder Zahlungen an den West-Berliner Senat leisten – in D-Mark. Die aber war in der DDR knapp, und so strebte man eine »Entflechtung« der gemeinsamen Kanalisation an. Es entbehrt nicht einer gewissen Komik, dass zu dem Zeitpunkt, als große Teile dieses langjährigen Umbaus vollendet waren, der Zusammenbruch der DDR erfolgte.

Nach der Abriegelung der Kanalisation begann die Ära der Flucht-

tunnel. Die meisten davon wurden bis 1965 gebaut. Heute weiß man von etwa siebzig Tunnelbauvorhaben, die über 250 Personen die Flucht ermöglichten.

Es klingt eigentlich relativ einfach: Man gräbt einen Tunnel. Was aber bedeutete das konkret? Die meisten Tunnel wurden von West nach Ost gegraben. Vom systematisch überwachten Grenzgebiet Ost-Berlins aus in Richtung Westen zu graben war mit viel größeren Schwierigkeiten verbunden als umgekehrt. Aber auch die von West-Berlin aus agierenden Tunnelgräber hatten viele Probleme zu lösen.

Zunächst mussten sich die potentiellen Fluchthelfer und Fluchtwilligen erst einmal finden. Bereits diese Vorbereitung war gefährlich, da die DDR-Staatssicherheit immer wieder versuchte, Informanten in die Fluchthelfer-Gruppen einzuschleusen. Wenn Fluchthelfer von der ostdeutschen Staatsmacht gefasst wurden, wurden sie zur Abschreckung potentieller Nachahmer zu hohen Gefängnisstrafen verurteilt. Die Fluchtwilligen mussten erst recht mit äußerster Vorsicht vorgehen, denn hinter jedem Fluchthelfer konnte sich ein Stasi-Agent verbergen. Alle Absprachen mussten unter strenger Geheimhaltung getroffen werden.

Zu den Vorbereitungen gehörte auch die Sicherstellung der Finanzierung. In der Anfangszeit handelten die meisten Fluchthelfer aus idealistischen Beweggründen. Doch für einen Tunnel brauchte man mehr als nur guten Willen und Arbeitskraft. Geld kam von Privatleuten, aber auch aus den schwarzen Kassen politischer Akteure und Institutionen sowie von Medien, die für Film- und Fotorechte bezahlten.

Für das Bauen des Tunnels brauchte man geeignete Kellerräume auf beiden Seiten der Mauer. Wie aber konnte verhindert werden, dass der Tunnel durch die Bautätigkeit aufflog? Schließlich ließ die DDR das Hinterland der Mauer auf beiden Seiten genau beobachten. Die zuständigen Grenzsoldaten achteten dabei zum Beispiel auf ungewöhnliche Bewegungsmuster oder sonstige auf einen Tunnelbau hinweisende Aktivitäten. Auch die Entsorgung des Aushubs stellte ein großes Problem dar – die Erde musste ja weggeschafft werden, ohne dass jemand etwas bemerkte.

Hinzu kamen ingenieurtechnische Herausforderungen. Im Untergrund musste leise gearbeitet werden, denn an der Oberfläche durfte nichts zu

Bernauer Straße: Bodenplatten markieren den Verlauf eines Fluchttunnels

Im Hof dieses Hauses endete ein von
West-Berlin aus gegrabener 145m langer Tunnel,
durch den 57 Männern, Frauen und Kindern
in den Nächten des 3. und 4. Oktober 1964
die Flucht in den Westen gelang. Nach Verrat
der Fluchtaktion an das Ministerium für
Staatssicherheit der DDR kam es auf dem Hof
zu einem Schusswechsel zwischen
Grenzsoldaten und Fluchthelfern. Dabei kam der

Unteroffizier der Grenztruppen der
Nationalen Volksarmee

Egon S c h u l t z

*4. Januar 1943 in Groß-Jestin (Kr. Kolberg)

am 5. Oktober ums Leben. Egon S c h u l t z
wurde in der DDR als Held idealisiert; die
Fluchthelfer galten als Agenten und Mörder.
Erst nach dem Fall der Mauer stellte sich heraus,
dass die tödlichen Schüsse aus der Waffe
eines Kameraden abgegeben wurden. Dieser
Sachverhalt war den DDR-Verantwortlichen
von Anfang an bekannt.

Tunnelopfer: Erinnerung an tödliche Schüsse

hören sein. Der Tunnel musste dennoch fachmännisch gegraben und gut abgestützt werden, denn der Berliner Untergrund ist labil. Sehr wichtig war auch die zentimetergenaue Navigation. Der Tunnel sollte ja an der richtigen Stelle im Keller des ausgewählten Hauses enden. Ein besonders tückisches, nur schwer zu behebendes Problem konnte eindringendes Wasser darstellen.

Wenn alle diese Hindernisse überwunden waren, gab es am Ende noch eine letzte große Hürde: Zum vorgesehenen Zeitpunkt mussten alle Flüchtlinge unauffällig in den Keller des entsprechenden Hauses gelangen – und dann musste es ganz schnell gehen.

Die berühmtesten Tunnel wurden nach der Anzahl der Personen benannt, die durch sie flüchteten. An dem etwa 120 Meter langen »Tunnel 29« unter der Bernauer Straße hindurch wurde 1962 vier Monate lang gegraben. Der Verkauf von Filmrechten an den Fernsehsender NBC war die wichtigste Geldquelle für den Bau. 1964 gelang mit dem »Tunnel 57« die erfolgreichste unterirdische Fluchtaktion. Der Tunnel war knapp 150 Meter lang, unterquerte ebenfalls die Bernauer Straße und wurde nach einem halben Jahr Bauzeit fertiggestellt. Bei der Flucht durch den Tunnel kam es zu einem Feuergefecht mit DDR-Grenztruppen, das dem Grenzsoldaten Egon Schultz das Leben kostete: Er starb durch die Kugel eines Kameraden.

Auch auf der anderen Seite waren Tote zu verzeichnen. 1962 starb der Fluchthelfer Heinz Jercha, nachdem er zusammen mit Harry Seidel insgesamt 55 Menschen zur Freiheit verholfen hatte, durch die Kugel eines Stasi-Beamten. Ebenso erging es dem Tunnelgräber Siegfried Noffke, der im selben Jahr ebenfalls in einen Hinterhalt des Ministeriums für Staatssicherheit geriet und erschossen wurde.

Die Fluchttunnel verhalfen nicht nur Menschen zur Freiheit, sie erfüllten auch einen propagandistischen Zweck: Jede gelungene Flucht stellte die DDR und ihr Grenzregime bloß. Mitte der 1960er Jahre ging ihre Zeit langsam, aber sicher zu Ende. Die aus den Fluchttunneln resultierenden Störungen im Ost-West-Verhältnis waren inzwischen so groß, dass es den politisch Verantwortlichen im Westen nicht mehr zweckmäßig erschien, diese Vorhaben weiterhin zu unterstützen. Stattdessen wollte man die Mauer lieber im Rahmen einer deutsch-deutschen Annäherung

Sollte unterirdische Fluchten verhindern: Vermauerte Kellertür

durchlässiger machen. Das Ergebnis dieser Bemühungen waren das Vier-mächteabkommen von 1971 und weitere Vereinbarungen.

Der Verkauf von Bildrechten hatte zudem in der Öffentlichkeit den Eindruck entstehen lassen, dass die Fluchthelfer nicht aus idealistischen Gründen handelten, sondern aus Profitgier. Auch die verbesserte Grenz-sicherung der DDR ließ den Handlungsspielraum der Tunnelgräber schrumpfen. Im Boden vergrabene Richtmikrofone stellten eine große Bedrohung jedweder Arbeiten im Untergrund dar. Darüber hinaus ließ die Stasi in einigen Fällen sogar Gegentunnel graben, um unterirdische Fluchtvorhaben frühzeitig aufspüren zu können. Trotzdem gab es noch bis in die 1980er Jahre hinein einzelne Tunnelprojekte.

Die Fluchthelfer passten ihre Methoden den veränderten Gegeben-heiten schnell an. Sie versuchten verstärkt, Menschen durch die DDR-Grenzkontrollen zu schmuggeln, indem sie diese etwa in Fahrzeugen versteckten. Geld spielte eine immer größere Rolle, die Fluchthilfe ver-wandelte sich teilweise in ein kommerzielles Geschäft. Wer auf eige-ne Faust in den Westen wollte, suchte angesichts der stark gesicherten Berliner Mauer andere Wege: über die innerdeutsche Grenze fernab der Hauptstadt, über andere Ostblock-Staaten, über die Ostsee und manch-mal auch durch die Luft.

Die Fluchttunnel haben ihren Eingang in diverse Publikationen, Doku-mentationen und Spielfilme gefunden. Leider kann man keinen einzigen von ihnen mehr besichtigen. Sie wurden nur für eine einmalige Nutzung gebaut und danach meist von den DDR-Grenzern zerstört. Bei archäolo-gischen Grabungen und Erdarbeiten in der Nachwendezeit konnten nur noch fragmentarische Reste aufgespürt werden. Bleiben werden nur die Gedenkzeichen und Info-Tafeln.

Kein Durchgang: Vom DDR-Grenzschutz verschlossener Fußgängertunnel

Die Beruhigungspille aus Beton

ABC-Bunker Siemensdamm

Dass der im Westen Berlins gelegene U-Bahnhof Siemensdamm ein architektonisches Dokument des Kalten Kriegs ist, wissen nur die wenigsten. Tatsächlich ist die 1980 fertiggestellte Mehrzweckanlage nicht nur ein Bahnhof, sondern gleichzeitig ein ABC-Bunker, der vor atomaren, biologischen und chemischen Waffen schützen sollte. Die Integration eines Bunkers in den Neubau einer U-Bahn-Station war ein kostengünstiges Verfahren, zu dem auf beiden Seiten des Eisernen Vorhangs mehrfach gegriffen wurde.

Im Ernstfall sollte der gesamte Bahnhof Siemensdamm einen großen, zwei Ebenen umfassenden Schutzraum bilden, hermetisch abgeriegelt durch große Tore an den Eingängen. Die Gleisabschnitte bis zu den Schwenktoren an den Enden der Bahnsteige sowie die Zwischengeschosse sollten mit Betten belegt werden. An den Bahnsteigen stehende Züge hätten als zusätzliche Aufenthaltsräume gedient. Insgesamt war die Anlage für 4332 Schutzsuchende konzipiert. Mit Schleusen kombinierte

Im U-Bahnhof Siemensdamm: ABC-Bunker

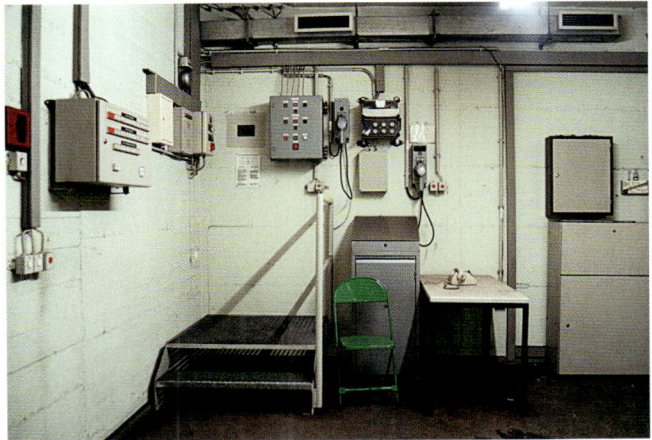

Zählwerke im Eingangsbereich schlossen die Anlage nach dem Erreichen dieser Zahl. Die Bürger sollten im Falle eines feindlichen Angriffs über Rundfunk und Lautsprecheranlagen von der Anlage erfahren.

Um die Autarkie der Anlage zu gewährleisten, wurde diese mit dieselbetriebenen Notstromaggregaten, Tiefbrunnen und – für den Fall einer

Verseuchung des Grundwassers – Wassertanks ausgestattet. Des Weiteren waren Nahrungsmittel, medizinisch-sanitäre Vorräte, darunter auch starke Beruhigungsmittel, und Leichensäcke eingelagert. In der kleinen Küche der Anlage hätte man hauptsächlich kalte Mahlzeiten und Tee zubereitet. Alle verderblichen Vorräte und auch das Wasser in den Tanks (etwa 17 000 Liter) wurden regelmäßig ausgetauscht.

Die Anlage sollte im Kriegsfall mit dreifach gefilterter, wassergekühlter Außenluft versorgt werden. Ob die Filterkammern die bei nuklearen Angriffen entstehende extreme Hitze überstanden hätten, ist allerdings unklar. Falls es nicht mehr möglich gewesen wäre, Außenluft anzusaugen, hätte man die bereits vorhandene Luft mehrfach wiederaufbereiten können. Der Sauerstoff hätte dann für etwa acht

Bettenburg: Platz für Tausende Schutzsuchende

Tage gereicht. Die eingebrachte Luft wurde auch für die Erzeugung eines leichten Überdrucks genutzt, der das Eindringen giftiger Stoffe verhindern sollte. Eine Heizung gab es nicht. Die Körperwärme der Insassen hätte ausgereicht, um eine ausreichende Raumtemperatur zu gewährleisten.

Der Kontakt zur Außenwelt sollte per Telefon und Rundfunk aufrechterhalten werden. Alle wichtigen technischen Anlagen waren gefedert gelagert und somit schocksicher. Sie konnten im Ernstfall auch per Hand betätigt werden.

Die im Eingangsbereich eingebauten Duschen waren lediglich für die Entseuchung verstrahlter Personen gedacht. Die eigentlichen sanitären Einrichtungen waren spartanisch und deckten nur die notwendigsten körperlichen Bedürfnisse ab. Im Ernstfall hätte man mit Wasser und Energie äußerst sparsam umgehen müssen, Hygiene war dabei neben-

Verlassen: Im Ernstfall hätte drangvolle Enge geherrscht

Spartanisch: Nacktbeton und Stahl bestimmen das Innere des Bunkers

sächlich. Spiegel aus Metall und Vorhänge vor den Toilettenkabinen sollten Verletzungen durch Glassplitter und Problemen mit verkanteten Türen vorbeugen. Mit Maßnahmen wie diesen wollte man zugleich auch Suizide verhindern.

Als Aufenthaltsdauer der Insassen waren zwei Wochen vorgesehen. Länger hätten im Falle eines Kriegs die Kämpfe in West-Berlin nach Ansicht der Experten nicht gedauert. Man erwartete keinen Einsatz von ABC-Waffen gegen West-Berlin, da diese das umliegende Gebiet der DDR in Mitleidenschaft gezogen hätten. Trotzdem entsprach die Anlage am Siemensdamm dem Standard von ABC-Bunkern. Niemand hätte den Bunker vorzeitig verlassen können. Wer drin war, blieb drin. Und falls es zu Todesfällen gekommen wäre, hätten die Leichen in besonderen Räumen und – wenn diese alle belegt gewesen wären – in den Schleusen der Anlage gelagert.

Wie hätte der Aufenthalt im Bunker konkret ausgesehen? Ein Drittel der Insassen sollte arbeiten, ein Drittel in den Zügen sitzen und ein Drittel liegen. Bücher, Spiele oder sonstige Freizeit-Utensilien waren nicht eingelagert. Nur vier Mann waren spezifisch für den Betrieb der Anlage ausgebildet. Der Rest der Besatzung sollte aus den Bunkerinsassen rekru-

tiert werden. So hätten zum Beispiel Polizisten Ordnungsaufgaben übernommen und Krankenschwestern die Versorgung Verletzter. Der Betrieb
der Anlage kostete den Bund jedes Jahr etwa 180 000 D-Mark.

Jenseits der technischen Details und aller Planungen stellt sich die
Frage, welchen realen Nutzen dieses Bauwerk gehabt hätte. Dafür muss
man die einzigartige Situation verstehen, in der sich die Welt während
des Kalten Kriegs befand. Innerhalb weniger Jahrzehnte hatten die beiden konkurrierenden Machtblöcke riesige nukleare Arsenale geschaffen,
die für eine mehrfache Vernichtung fast allen Lebens auf diesem Planeten
ausgereicht hätten. Dabei nahmen sowohl die USA als auch die UdSSR
an, dass die jeweils andere Seite einen nuklearen Erstschlag durchführen
würde, wenn sie davon ausgehen könnte, aus dem Atomkrieg als Sieger
hervorzugehen.

Beide Seiten erachteten es als notwendig, sofort und mindestens gleich-
wertig auf einen atomaren Angriff reagieren zu können, um gegnerische
Erstschläge zu verhindern.
Die sogenannte Vorwarn-

Luftdicht verschlossen: Bunkertür

zeit schmolz auf wenige
Minuten zusammen. Wenn
eine Seite einen möglichen
Vorteil erhielt, spukte un-
weigerlich die Bedrohung
eines feindlichen Präven-
tivschlags durch die Köpfe
der Militärs auf der anderen Seite. Fehlalarme und
technische Pannen haben
die Welt damals mehrere
Male an den Rand eines
Atomkriegs geführt.

Die Zivilschutzprogram-
me jener Zeit waren ein
Versuch, mit der Bedrohung
durch die nukleare Apoka-
lypse umzugehen. Sie sollten der Bevölkerung sugge-
rieren, dass ein Atomkrieg

Technik von gestern: Manometer und Telefon im ABC-Bunker

durch geeignete Maßnahmen überlebt werden könnte. Atombunker sind letztlich in Beton gegossene Beruhigungspillen. Das gilt auch für die Anlage im U-Bahnhof Siemensdamm. In West-Berlin gab es in den späten 1980er Jahren maximal 26 000 Schutzplätze für rund zwei Millionen Einwohner. Selbst wenn mit einem direkten atomaren Angriff nicht zu rechnen war – es hätte auch im Falle eines konventionellen Kriegs nur für einen sehr kleinen Teil der Bevölkerung Schutzplätze gegeben. Vor den Eingängen der Bunker hätten sich entsetzliche Szenen abgespielt.

Im Innern des Bunkers am Siemensdamm wäre es nach einiger Zeit möglicherweise zu Aufstand oder Massenpanik gekommen. Vielleicht hätte es auch Epidemien gegeben. Schon mit etwa hundert Personen im Bunker wird es dort unangenehm eng. Die Belüftungsanlage ist sehr laut, und der von ihr erzeugte Überdruck hätte sich wohl bald schmerzhaft in den Ohren bemerkbar gemacht. Darüber hinaus hätte es möglicherweise auch größere Probleme mit Ratten gegeben.

Seit dem Ende des Kalten Kriegs ist ein Teil der Zivilschutzanlagen geräumt beziehungsweise verkauft worden. Ein Kernbestand wird aber instand gehalten und regelmäßig überprüft, darunter auch die Anlage am Siemensdamm. Zum einen kann man solche Bauten nicht einfach abschließen und vergessen, vor allem dann nicht, wenn sie inmitten einer U-Bahn-Station liegen. Verrottende Leitungen, leckende Tanks, Kurzschlüsse oder eindringendes Wasser würden früher oder später den Bahnverkehr stören oder gar lahmlegen. Zum anderen haben die Ereignisse vom 11. September 2001 in New York gezeigt, dass das Kapitel Zivilschutz keineswegs der Vergangenheit angehört.

Die Trainingsanlage für U-Bahn-Desaster

Katastrophen-Simulationsanlage Jungfernheide

Es ist der Albtraum eines jeden Großstadtbewohners: Man sitzt in der U-Bahn, auf dem Weg zur Arbeit oder zu Freunden, liest die Zeitung, und plötzlich brennt es. Die Bahn steckt mitten im Tunnel, es gibt keinen Ausweg, kein Entrinnen – innerhalb von Minuten wird ein Waggon zur Todesfalle. Bedrohlich ist auch das Szenario eines terroristischen Anschlags. In vollbesetzten U-Bahnen, wie sie zu den Stoßzeiten verkehren, würde ein gezündeter Sprengsatz eine verheerende Wirkung entfalten. Da Druckwelle, Rauch und giftige Gase kaum nach außen entweichen können, sind Explosionen unter der Erde besonders gefährlich. Im Dunkel eines Tunnels bricht schnell Panik aus, es gibt oft nur wenige Fluchtwege, und die Rettungsteams gelangen nur schwer zum Einsatz-

Im Bahnhof Jungfernheide: Simulationsanlage für U-Bahn-Katastrophen

ort. Zudem entfaltet sich die Hitze wie im Backrohr, so dass die Retter kaum zu den Brandherden vordringen können. Leicht entstehen Temperaturen um tausend Grad Celsius.

Alles Schwarzmalerei? In der Nachkriegszeit hat es in Europa mehrere größere Untergrundkatastrophen gegeben. 1987 forderte ein Brand im Londoner U-Bahnhof King's Cross dreißig Tote. Wahrscheinlich hatte eine glimmende Zigarettenkippe Öl und Staub unterhalb einer hölzernen Rolltreppe entzündet. Wenig später schoss eine Stichflamme aus der Rolltreppe, Feuer und Rauch griffen rasend schnell um sich. Auch die Katastrophe im Montblanc-Autotunnel 1999 soll durch eine weggeworfene Zigarette entstanden sein. Der Stummel verfing sich wahrscheinlich im Luftfilter eines Lastwagenmotors und setzte erst diesen, dann die Ladung aus Margarine und Mehl in Brand. 39 Menschen starben in dem Inferno, die meisten durch giftigen Rauch. In Valencia kamen 2006 bei der Entgleisung einer U-Bahn 43 Menschen ums Leben, 47 wurden verletzt. In der Moskauer U-Bahn forderten zwei Selbstmordattentate 2004 und 2010 insgesamt 79 Tote und über 200 Verletzte.

Katastrophen wie diese zu bekämpfen erfordert besonders ausgebildete Rettungskräfte und besonderes Gerät. Seit 2003 verfügt Berlin über eine der wenigen Anlagen in Europa, in denen Einsätze trainiert und Einsatzmaterialien ausprobiert werden können. Auf einem stillgelegten Gleis im U-Bahnhof Jungfernheide werden Untergrund-Katastrophen simuliert. Die BVG hatte schon früher den Bau einer solchen Anlage erwogen, doch erst einige kleinere Unglücke in der Berliner U-Bahn in den Jahren 2000 und 2001 gaben den Anstoß. Vor allem der Brand eines Zuges am Bahnhof Deutsche Oper, bei dem 21 Personen Rauchvergiftungen erlitten, beförderte das Vorhaben.

Der für die Anlage hergerichtete Tunnelabschnitt war schon während der Teilung Berlins für Übungszwecke genutzt worden. Französische Truppen trainierten dort die Verteidigung unterirdischer Bauten. Der heutige Übungsbereich ist 350 Meter lang und besteht aus dem Bahnsteig, dem Tunnel und einer 90 Meter langen Rauchkammer. Die Einrichtung der Anlage kostete 400 000 Euro. Ein roter Metallzaun trennt sie vom Rest des Bahnhofs ab.

In der Rauchkammer steht ein ausrangierter Vierwagenzug, der mit-

Ausgestattet mit Licht, Schall und Rauch: Trainingszug

hilfe einer Nebelmaschine eingeräuchert werden kann. Eine Lichtanlage simuliert das Flackern eines Feuers, um die Übungen realistischer zu gestalten. Es funktioniert: Die Wirkung von Rauch und Feuerschein in der Anlage ist beeindruckend. Bei größeren Übungen werden Statisten als Verletzte verpflichtet. Sie tragen realistisch geschminkte Wunden, und manche von ihnen brüllen laut vor Schmerz, wenn die Sanitäter sie abtransportieren. So sollen die Rettungskräfte an den Umgang mit verletzten, schreienden und panischen Menschen gewöhnt werden.

In voller Montur: Feuerwehr im Übungseinsatz

Zu den simulierten Szenarien gehören die Evakuierung brennender Züge, die Brandbekämpfung, die Rettung Verletzter, die Bergung unter den Zug geratener Personen sowie der Umgang mit Wassereinbrüchen, Schadstoffverseuchung und Bombendrohungen. Trainiert wird auch die Kommunikation im Notfall. Darüber hinaus enthält das Trainingsprogramm der Anlage theoretische und praktische Übungen für sicheres Verhalten und zur Vermeidung von Gefahren.

Jedes Jahr werden in der Anlage 500 Mitarbeiter der Berliner Verkehrsbetriebe geschult. Dazu kommen Feuerwehrleute, Polizisten, Mitglieder von SEK und Bundesgrenzschutz, THW-Einsatzkräfte sowie Angehörige anderer Rettungs- und Katastrophenschutzdienste aus dem In- und Ausland. Auch Suchhunde wurden in der Anlage schon trainiert.

Der für das Medienmanagement der BVG zuständige Thomas Puhahn freut sich, dass die Anlage ausgelastet ist. Gibt es Pläne, sie noch weiter auszubauen? »Nein«, sagt Herr Puhahn, »wir haben dort unten ja schon alles, was wir brauchen. Wo sonst kann man Notfälle derart realistisch nachstellen?« Und so werden in Jungfernheide jede Woche von Montag bis Sonnabend Katastrophen inszeniert, damit sie anderswo erst gar nicht passieren oder schnell bekämpft werden können.

Archäologie des Nationalsozialismus

Zur Faszination des Berliner Untergrunds tragen nicht nur Kellergewölbe, Tunnel, Bunker und andere verborgene Orte bei. Kaum weniger spannend sind auch die vielen Bruch- und Fundstücke im Erdreich, die bei Bauarbeiten oder durch gezielte Ausgrabungen von Archäologen nach Jahrzehnten zum Vorschein kommen.

Archäologie in Berlin? Mit Archäologie verbindet man meistens Ausgrabungen aus der Antike oder dem Mittelalter. Tatsächlich reicht das Forschungsinteresse dieser Disziplin aber bis in unsere jüngste Geschichte hinein. Selbst die Reste der Berliner Mauer sind bereits von Archäologen untersucht und erfasst worden. Von besonderer Relevanz für unser Geschichtsverständnis ist die Archäologie des Nationalsozialismus und des Zweiten Weltkriegs, deren Arbeit im Folgenden vorgestellt werden soll.

Vor allem auf Baustellen werden häufig Relikte des Zweiten Weltkriegs gefunden. Zumeist handelt es sich dabei um die Reste zerstörter Gebäude und Fundamente, manchmal um mit Trümmerschutt verfüllte Keller. Oft tauchen Alltagsgegenstände auf, wie zum Beispiel Teile von Flaschen, Gläsern und Tellern. 1993 etwa fanden Archäologen auf dem Areal des berühmten, 1944 zerstörten Restaurants Lutter & Wegner neben Besteck und Serviergeschirr mehrere Gläser, die durch die Hitze des Brands, der das Gebäude zerstörte, stark verformt worden waren. Besonders viele Alltagsgegenstände aus den Kriegsjahren finden sich in den Trümmerbergen, die nach 1945 aus Schutt aufgetürmt wurden.

Auch militärische Relikte der Schlacht um Berlin tauchen bei Erdarbeiten immer wieder auf: Stahlhelme, Erkennungsmarken, Trinkflaschen, Essbesteck, Gürtelschnallen, Stiefel, Reste von Waffen, aber auch Knochen von Gefallenen. 1945 wurden viele Tote nur behelfsmäßig bestattet, in hastig ausgehobene Löcher oder Granattrichter geworfen, um dem Ausbruch von Seuchen vorzubeugen. Zwar wurden die meisten dieser Leichen später geborgen und ordentlich begraben – aber eben nicht alle.

Der Berliner Boden gibt manchmal aber auch größere Teile von Militärtechnik nach Jahren wieder frei. 1989 wurden beispielsweise bei Arbeiten am Richard-Wagner-Denkmal im Tiergarten Motorteile eines abgeschossenen amerikanischen B-17-Bombers gefunden. Von besonderer Brisanz sind Reste von Bomben, Granaten und sonstigen Sprengkörpern. Etwa 10 bis 15 Prozent der verschossenen und abgeworfenen Munition waren Blindgänger. Sie müssen mit größter Vorsicht behandelt werden. Die verwendeten Sprengstoffe werden mit der Zeit chemisch immer instabiler und somit auch gefährlicher. Unglücke mit alten Bomben sind zum Glück selten, aber sie passieren. 1994 explodierte auf einer Baustelle in der Pettenkoferstraße in Friedrichshain eine 250-Kilo-Bombe. Drei Tote und siebzehn Verletzte waren zu beklagen. Deswegen müssen bei Munitionsfunden grundsätzlich die Bergungsdienste informiert werden. Diese Spezialisten sind in der Lage, Blindgänger sicher zu entsorgen. In Berlin werden jährlich etwa zehn bis zwölf Bomben aus dem Zweiten Weltkrieg gefunden. Schätzungen zufolge stecken noch rund dreitausend Blindgänger im Boden der Stadt. Anhand der Luftbilder, die von den Alliierten nach Bombenangriffen angefertigt wurden, versucht man, so viele wie möglich davon aufzuspüren.

So mancher Berliner entsorgte nach der Kapitulation 1945 seine ganz persönliche NS-Vergangenheit diskret im Erdreich. Orden und sonstige Abzeichen, Devotionalien aller Art und auch Waffen mussten verschwinden, bevor die Sowjets sie finden konnten. Was man nicht verbrennen oder in der Toilette herunterspülen konnte, wurde vergraben und kann bei Erdbewegungen wieder ans Tageslicht kommen. So fand man zum Beispiel am Lehrter Güterbahnhof eine Bronzebüste Hermann Görings im Boden. Auch im Alltag kann man auf Hinterlassenschaften der NS-Zeit stoßen: Beim Umgraben seines Innenhofs etwa stieß ein Nachbar des Autors unversehens auf einen Degen mit Reichsadler und Hakenkreuz.

1972 sorgte ein ganz besonderer Fund international für Schlagzeilen. Bei Ausschachtungsarbeiten am damaligen Lehrter Bahnhof, dem heutigen Hauptbahnhof, wurden die Skelette von Hitlers Privatsekretär Martin Bormann und seines letzten Leibarzts Ludwig Stumpfegger gefunden. Beide hatten sich offenbar das Leben genommen. Zwischen

Bunkertüren und Tresore: Archäologische Fundstücke aus der NS-Zeit

ihren Zähnen fand man Glassplitter – ein deutlicher Hinweis auf zerbissene Zyankali-Ampullen.

Mit diesem Fund endete das jahrzehntelange Rätselraten um den Verbleib von Bormann und Stumpfegger. Zuvor war nur bekannt gewesen, dass sich beide Männer einer kleinen Gruppe angeschlossen hatten, die bei Kriegsende versuchte, aus dem Berliner Zentrum herauszugelangen und in Richtung Norden den sowjetischen Truppen zu entkommen. An der Weidendammer Brücke war diese unter Feuer geraten und hatte hohe Verluste erlitten. Dabei verlor sich die Spur der beiden Männer. Waren unter den vielen bis zur Unkenntlichkeit entstellten Leichen, die man 1945 in Berlin auffand, auch die von Bormann und von Stumpfegger? Oder hatten die es geschafft zu entkommen und unterzutauchen?

Eine 1965 durchgeführte erste Grabung am Lehrter Bahnhof führte zu keinem Ergebnis. Man war den gesuchten Skeletten damals sehr nahe gekommen, ohne sie aufspüren zu können. Erst mit dem 1972 erfolgten Fund konnten die beiden Männer offiziell für tot erklärt werden. Wahrscheinlich waren sie nach ihrer Flucht über die Weidendammer Brücke am Lehrter Bahnhof erneut auf sowjetische Truppen gestoßen und hatten sich aus Angst vor einer Gefangennahme das Leben genommen. Die sowjetischen Soldaten, die sich um die Räumung der Leichen kümmerten, wussten offenbar nicht, mit wem sie es zu tun hatten, und warfen beide Körper in einen später verfüllten Granattrichter. Die endgültige Gewissheit, dass man den echten Bormann gefunden hatte, erbrachte 1998 eine Erbgut-Analyse.

1985 wurden erneut wichtige Relikte des Nationalsozialismus freigelegt. Dieses Mal wussten die Verantwortlichen aber vorher schon recht genau, wo sie graben mussten und was sie finden würden. Sie waren einem Ort auf der Spur, der in Berlin wie kaum ein anderer die Brutalität des NS-Regimes symbolisiert: dem sogenannten Prinz-Albrecht-Gelände. Dort lagen die Zentralen der SS, der Gestapo und des Reichssicherheitshauptamtes. Zahlreiche Opfer des Nationalsozialismus verloren hier ihr Leben. Dort wurde verhört, gefoltert und getötet. Auch die Details der NS-Vernichtungspolitik wurden dort ausgearbeitet.

Nach dem Krieg räumte man die beschädigten Gebäude auf dem Areal ab. Im wiederaufbauorientierten West-Berlin der Nachkriegszeit wollte man nicht an den Massenmord des NS-Staates erinnert werden. Da das Gelände ab 1961 direkt an der Berliner Mauer lag, hatte es für die

Stadtplaner nur geringe Bedeutung. Auf der Brache siedelten sich ein Trümmerschutt-Verwerter und ein Verkehrsübungsplatz an. Erst Anfang der 1980er Jahre wurde die Vergangenheit des Geländes durch engagierte Berliner wieder ins öffentliche Bewusstsein gerückt. Die Grabung setzte einen Prozess in Gang, der zur Einrichtung des Dokumentationszentrums »Topographie des Terrors« am selben Ort führte.

Nach der Öffnung der Mauer sorgten unterirdische Relikte des Nationalsozialismus für anhaltende politische Kontroversen. Im einstigen Grenzstreifen der DDR zwischen Potsdamer Platz und Brandenburger Tor wurden insgesamt vier unterirdische NS-Bauten gefunden – ein Bunker der Neuen Reichskanzlei, die Reste des »Führerbunkers« (s. S. 49ff.), der Privatbunker von Joseph Goebbels und der sogenannte Fahrerbunker. Letzterer erregte besonderes Interesse, da sich das Innere des Bunkers noch mehr oder weniger in dem Zustand befand, in dem Hitlers Fahrbereitschaft ihn 1945 verlassen hatte – einschließlich NS-Wandmalereien, die künstlerisch zwar geringen Wert haben, aber in dieser Form ein ungewöhnliches und seltenes historisches Zeugnis darstellen.

Verschüttet: Alltagsgegenstände im Untergrund

Natürlich hatten Fachleute von der Existenz dieser Anlagen gewusst. Weil sie aber über Jahrzehnte hinweg nicht betreten werden konnten, war über ihren Zustand so gut wie nichts bekannt. In der öffentlichen Wahrnehmung hatten sie längst aufgehört zu existieren. Bald entbrannte Streit um den Umgang mit den Bunkern: Sollte man diese Bauten als authentische, bewahrenswerte Zeugnisse der NS-Vergangenheit erhalten, oder sollte man sie abreißen, um zu verhindern, dass sie zu Magneten für Neonazis, Militaristen und Grusel-Touristen verkommen? Dass sich die Bauwerke dort befanden, wo ein neues Stadtzentrum entstehen sollte, verlieh der Debatte zusätzliche

Schärfe. Am Ende wurden die Anlagen wieder verschlossen und unzugänglich gemacht. Weil das Erdreich ein guter Konservator für Beton ist, bleibt es künftigen Generationen überlassen zu entscheiden, ob sie je wieder geöffnet werden.

Auch andere wichtige Zeugnisse des Nationalsozialismus wurden im Berliner Untergrund ausfindig gemacht. 1997 konnten Relikte des KZ-Außenlagers Lichterfelde Ost gesichert werden, das zum Konzentrationslager Sachsenhausen gehört hatte. Die Archäologen fanden die Fundamente dreier Baracken, Abfallgruben und Reste von Splittergräben. Als besonders aufschlussreich erwies sich zudem eine aufgefundene Akte, deren Inhalt teilweise rekonstruiert werden konnte. Ebenfalls von großer Bedeutung war eine 2009 unter Beteiligung von Schülern durchgeführte Grabung auf dem Areal eines Sammellagers für arbeitsunfähig gewordene sowjetische Zwangsarbeiter in Blankenfelde. Offiziell sollten seine Insassen auf die Rückkehr in ihre Heimat vorbereitet werden – in Wirklichkeit war es aufgrund der katastrophalen Zustände eher ein Sterbelager.

Beide Grabungen waren von großer Bedeutung, weil an der Oberfläche kaum noch etwas von den Lagern vorhanden war. Aus dem Bewusstsein der Bevölkerung waren sie mehr oder weniger verschwunden. Auch Dokumente gab es nur noch wenige: Trotz der Akribie, die den damaligen Behörden zugesprochen wird, ist das Lagersystem der Nationalsozialisten keinesfalls lückenlos dokumentiert worden. Da zudem die meisten Zeitzeugen inzwischen verstorben sind, stellten die Ausgrabungsergebnisse fast das einzige vorhandene Beweismaterial dar.

Für eine Sensation sorgten 2010 archäologische Grabungen am Roten Rathaus, die im Rahmen der Bauvorbereitungen für einen neuen U-Bahnhof durchgeführt wurden. Bei der Räumung eines mit Trümmerschutt verfüllten Kellers, der zu einem längst abgerissenen Haus gehört hatte, wurden 16 Skulpturen gefunden. Sie waren von den Nationalsozialisten als »entartete Kunst« beschlagnahmt und zusammen mit anderen Kunstwerken in dem durch »Arisierung« verstaatlichten Haus eingelagert worden. Bei der Zerstörung des Gebäudes im Krieg oder beim später erfolgten Abriss der Ruine waren die Kunstwerke offenbar unerkannt in den Keller geraten.

Auch auf den Grünflächen des stillgelegten Tempelhofer Flughafens fand man Relikte der NS-Zeit. Um historische Spuren zu sichern, wur-

Zeugnisse einer düsteren Ära: Ausgrabungen am Tempelhofer Feld

de dort seit 2012 eine archäologische Bestandsaufnahme vorgenommen. Am heutigen Columbiadamm am Rande des Geländes befand sich von 1933 bis 1936 eine gefürchtete Haftstätte, in der Gegner der Nationalsozialisten misshandelt und getötet wurden. Das Gebäude wurde 1938 für den Ausbau des Flughafens abgerissen. Bei den archäologischen Ausgrabungen fanden sich dort fragmentarische Reste der Fundamente. Ergiebiger waren die Freilegungen an den ehemaligen Standorten zweier Lager für Kriegsgefangene und Zwangsarbeiter. Hier konnten die Archäologen unter anderem Alltagsgegenstände und persönliche Utensilien sowie die Reste von Splitterschutzgräben sichern. Weitere Grabungen fanden auf dem Areal des von den Alliierten abgerissenen ersten Tempelhofer Flughafens statt. Dort wurden Flugzeug-Ersatzteile und Reste von Geschirr aus der NS-Zeit geborgen.

In jüngster Vergangenheit schien es so, als ob der Berliner Boden auch das Rätselraten um den Verbleib eines weiteren Mitglieds der NS-

Führungsschicht beenden würde: Heinrich Müller, der Chef der Gestapo, war bei Kriegsende spurlos verschwunden. Wie bei anderen vermissten NS-Größen kursierten auch bei »Gestapo-Müller« Gerüchte, er habe sich nach Südamerika abgesetzt oder sei bei einem Geheimdienst untergekommen. 1963 ließ die Berliner Staatsanwaltschaft bei der Suche nach Müllers Leiche ein Grab auf einem Friedhof an der Lilienthalstraße in Neukölln öffnen. Vergeblich, wie sich zeigte. Müller blieb verschollen.

2013 wurden schließlich Gerüchte laut, dass der Gestapo-Chef bei Kriegsende gestorben sei und ausgerechnet in einem Massengrab auf dem von der SS zerstörten Jüdischen Friedhof an der Großen Hamburger Straße liegen könne. Anhaltspunkte dafür waren der Jüdischen Gemeinde schon lange bekannt. Doch bewiesen werden kann es nicht. Da der geschändete Friedhof 2008 wiedereingeweiht wurde, wird es dort keine Grabungen geben. Der jüdische Glaube zeichnet sich durch großen Respekt vor der Totenruhe aus. Die Gemeinde will eine erneute Störung der Grabstätte nicht zulassen. Es wäre aber ohnehin kaum möglich, Müllers Leiche inmitten des Massengrabs mit knapp 2500 Skeletten zu identifizieren.

Für die Jüdische Gemeinde bleibt somit der unbehagliche Gedanke, dass ein NS-Verbrecher auf einem ihrer Friedhöfe begraben liegen könnte. Die Geschichte, die im Berliner Untergrund geborgen liegt, ist um ein abgründiges Geheimnis reicher.

Sensation: Vor dem Roten Rathaus stießen Archäologen auf »Entartete Kunst«

Danksagung

Ich möchte allen Personen herzlich danken, die mich beim Schreiben dieses Buchs unterstützt haben. Um nur einige zu nennen: Martin Albrecht, Barbara Fuchs vom Kulturbüro »Förderband«, Irene von Götz von der Gedenkstätte Papestraße, Matthias Heisig, Bernd von Kostka vom AlliiertenMuseum, Klaus Lemmnitz von der Königstadt-Genossenschaft, Thomas Puhahn von der BVG, Ingo Schwuchow, Peter Teicher sowie Andrea Theissen und Susann Schröter von der Spandauer Zitadelle. Mein besonderer Dank gilt Michaela Krause, der Vorsitzenden des Vereins »unter-berlin«.

Bildnachweis

Archiv Niko Rollmann, Berlin: S. 35, 36, 38/39, 45, 51, 52, 53, 65, 67
Günter Schneider, Berlin: S. 11, 12/13, 17, 41, 49, 63, 72
Alle übrigen Abbildungen stammen vom Autor